歴史文化ライブラリー
275

沖縄戦 強制された「集団自決」

林 博史

吉川弘文館

目　次

その背景　捕虜を認めない思想

日本軍の強制が削除された教科書検定問題――プロローグ

日本軍の強制を削除させた教科書検定

二〇〇七年三月三〇日の夕方、突如、沖縄戦をめぐる教科書検定問題が全国にニュースとしてかけめぐった。翌三一日の新聞各紙は、「集団自決『軍の強制』削除」(『東京新聞』)、「『集団自決』軍関与を否定」(『沖縄タイムス』)、「『自決強制』を削除」(『琉球新報』)などという見出しで大きく取り上げた。それは、文部科学省(以下、文科省)によっておこなわれた高校日本史教科書の検定問題だった。それまで検定で合格していた、沖縄戦のなかで日本軍によって住民が「集団自決」を「強制された」あるいは「強いられた」、「追い込まれた」という叙述に対して「沖縄戦の実態について誤解するおそれのある表現である」という検定意見が付けられ、日本軍の関わりが消されてしまったのである。その理由として、日本軍の隊長が住民に対して自決命令を下したということは明らかでないと説明された。

検定に合格した教科書の叙述では、住民の「集団自決」が日本軍とは関係なく起きたものであるかのようになってしまった。私はメディアから談話を求められ、「日本軍が住民に『米軍に捕まるな』と厳命し『いざという時は自決するように』と事前に手りゅう弾を配ったことは多くの証言がある。当日に部隊長が自決命令を出したかどうかにかかわらず、全体的に見れば集団自決は軍の強制そのもので、これを覆す研究は皆無といえる。（中略）事実をあいまいにする政治的なひどい検定だ」と批判した（共同通信配信、三月三一日各紙）。

この検定に対して、思い出したくない体験であったためにこれまで沈黙を守ってきた「集団自決」の体験者たちが、ここで体験を語らなければ、真実が葬り去られてしまうという危機感から、語り始めた。沖縄の怒りがじわじわと広く深く湧き上がってくるなかで、沖縄県では四一市町村議会すべてで「『集団自決』が日本軍による命令、強制、誘導などなしに起こりえなかったことは紛れもない事実」（座間味《ざまみ》村議会）などと検定意見の撤回を求める意見書を採択した。県議会でも六月二二日全会一致で検定意見の撤回と記述の回復を求める意見書を採択した。その後、県議会代表らは文科省に要請行動をおこなうが、その冷淡な対応に怒った県議会は七月一一日には再度全会一致で検定撤回の意見書を採択した。

さらに九月二九日には県民大会が開催され、主催者発表で一一万人を超える人々が集まり、検定意見撤回を決議した。沖縄の声に押された文科省は検定意見を撤回することは拒否しながらも、教科書会社に正誤訂正を申請させる方法で切り抜けようとした。一一月に関連する全社が訂正申請を提出した。それに対する文科省の結論は一二月二六日に発表されたが、日本軍の関与を示す記述は認めたが、日本軍による強制はあくまでも認めないという検定を堅持した。たとえば「なかには、手榴弾を配布されたり、玉砕を強いられたりするなど、日本軍の強制によって集団自決に追い込まれた人々もいた」（清水書院）という訂正申請は文科省からの要求で取り下げさせられ、「日本軍の関与のもと、配布された手榴弾などを用いた集団自決に追い込まれた人々もいた」という記述で再申請して認められた。「『軍が強制』認めず／意見は有効／関与記述復活」（『沖縄タイムス』）、「『軍強制』認めず／関与に後退／検定意見を堅持」（『琉球新報』）という見出しを付けて報道した沖縄の新聞（一二月二七日付）は、この検定結果を適確に表現している。「『軍の関与』復活」

『朝日新聞』というような見出しをつけ、「関与」が復活したので問題は終ったかのような報道をした本土のメディアとは対象的だった。

検定意見を決めている教科用図書検定調査審議会日本史小委員会の「基本的とらえ方」によると、「それぞれの集団自決が、住民に対する直接的な軍の命令により行われたことを示す根拠は、現時点では確認できていない」とし、そこから「過度に単純化した表現で教科書に記述することは、集団自決について生徒の理解が十分とならないおそれがある」という説明をしている。しかしこれを含めた文科省あるいは検定調査審議会の文書をいくら読んでも、なぜ日本軍の強制、あるいは日本軍が強いたという表現が認められないのか、という理由はまったく理解できない。審議会のメンバーはいわゆる研究者たちが中心であるが、文科省の顔を立てた政治的文書と言うべきである。概して、日本軍の関与の下で集団自決に追い込まれたという趣旨の記述は認められているが、できるだけ日本軍の関わりを薄めたいという意図がうかがわれる検定である。

日本軍の強制をあくまで認めない検定が維持されたことは、この問題が今後も引き続き問題として残ったことを意味する（石山久男『教科書検定』参照）。

こうした教科書検定は大きな政治的な動きの一部であることを明確に示しているのが、二〇〇五年八月に大阪で提訴された訴訟である。座間味島の元日本軍戦隊長と、渡嘉敷《とかしき》島の元戦隊長の弟が、軍命令がなかったのにあったと書いたのは名誉毀損だとして大江健三郎氏と岩波書店を相手取って、「集団自決」に関する出版差し止めと損害賠償を求めて大阪地裁に提訴した。この原告側弁護団には翌年に首相になった安倍晋三氏を担ぐグループが含まれていた。

検定の背後にある政治的動き

この訴訟の背景には、「新しい歴史教科書をつくる会」や「自由主義史観研究会」などの歴史を改ざんし日本の戦争を正当化しようとする勢力の全面的な支援があった。法廷のなかで原告が、大江健三郎氏の著作『沖縄ノート』を提訴前に読んでいなかったことが露呈し、元軍人の働きかけによって提訴するに至った経緯も明らかにされ、二人の原告の背後に政治的な仕掛けがあることが浮き彫りにされていった。

自由主義史観研究会はその機関誌『歴史と教育』（二〇〇五年四月）に「歴史授業案　無念の授業『沖縄戦　集団自決の真実』」という文章を掲載し、そのなかでこの問題が「日本軍の名誉に関わるものであり、児童生徒の健全な歴史認識及び国防意識の育成にとって見過ごすことができない」、「皇軍および無念の冤罪《えんざい》を着せられた軍人の名誉を回復する授業を提案したい」と提起した。つまり今日の日本において青少年に「国防意識を育成」するために、皇軍の名誉を回復しようというのが狙いであることを打ち出していた。

文科省は検定結果を公表した直後に、その検定意見の根拠としていくつかの文献を挙げたが、そのなかに「『沖縄集団自決えん罪訴訟』における原告（座間味島の守備隊長だった元少佐）の意見陳述（二〇〇五年八月五日、大阪地裁）」を挙げた。この訴訟の名称自体が原告側の呼び方であり、文科省が明らかに原告側に立っていることを示しているだけでなく、地裁で係争中の問題で一方の側の意見陳述のみを論拠にするというのは異常である。政府は、地裁判決であってもまだ確定していないとして、判決を無視することがしばしばあるが、係争中の一方の意見を根拠にするのは従来の政府のやり方に照らしても乱暴なやり方である。

検定意見の教科書会社への通告は二〇〇六年一二月におこなわれているので、検定作業自体は、その夏から秋にかけておこなわれていたと見られる。安倍晋三内閣が発足したのが九月二六日であった。この内閣で官房副長官に就任した下村博文衆議院議員は、その直前の八月二九日に開かれたシンポジウムで「自虐史観に基づいた歴史教科書」は「官邸のチェックで改めさせる」と教科書への政治介入を公言していた。集団自決訴訟の原告側代理人の一人である稲田朋美衆議院議員（弁護士）は、このシンポジウムにパネラーとして参加し、「いざというときに祖国のために命をささげる覚悟がある」ことがエリートの条件だと語っていた（俵義文四七—四九頁）。大阪での訴訟や教科書検定と安倍内閣が深く結びついていることをうかがわせるシンポジウムであった。

安倍氏自身が「新しい歴史教科書をつくる会」を支援してきた自民党内の議員グループ「日本の前途と歴史教育を考える若手議員の会」の初代事務局長や顧問を務めてきた。日本がおこなってきた戦争や戦時体制を美化し、戦後平和主義と民主主義の憲法を否定しようとする安倍内閣の登場が、教科書検定を後押ししたことは間違いない。安部内閣がどのように政治的影響力を行使したのか、その実相はわからないが、共同通信記者が「安倍政権に配慮したのか」と問い詰めたところ文科省の担当者がそれを認めたという報道がなされている（各紙二〇〇七年一二月二七日付）。

訴訟については、二〇〇八年三月二八日に大阪地裁判決が下され、原告が敗訴した。原告側の主張は、集団自決の事実関係についてほぼ全面的に退けられた。その後、原告側は控訴したが、地裁判決をくつがえすような新しい証拠・議論は出ず、同年一〇月三一日大阪高裁は控訴棄却の判決を下した。これによって検定意見の重要な論拠は崩れたと言うべきだろう。

一九八〇年代の検定

沖縄戦をめぐる記述が教科書検定で問題となるのは一九八〇年代からである。

一九八二年、アジアへの「侵略」を「進出」などに書きかえさせる検定が国際問題化し、いわゆる教科書問題がおきた。このとき、高校教科書『日本史』(実教出版)の脚注において、江口圭一氏が日本軍による住民殺害について記述したところ、検定意見がつき、結局、削除せざるをえなくなった。文部省は、江口氏が示した沖縄県立平和祈念資料館のパネル資料は根拠にならないときめつけ、さらに『沖縄県史』は「体験談を集めたもので一級の資料ではない」とこれも認めなかった。

この検定について沖縄県議会は全会一致で、「県民殺害は否定することのできない厳然たる事実であり……、削除されることはとうてい容認しがたい」とし、「同記述の回復が速やかに行われるよう強く要請する」という意見書を採択した(一九八二年九月四日)。その結果、文部省は次の改定検定の際に配慮すると譲歩せざるを得なくなり、その後は日本軍による住民殺害の記述が教科書に載るようになった。

それを受けて、翌八三年の検定において、家永三郎《いえながさぶろう》氏が高校教科書『新日本史』(三省堂）で日本軍の住民殺害を記述したところ、文部省はその点は認めざるを得なかったが、「集団自決」の人数の方が多かったのだから、「集団自決」をまず書けとの検定意見（修正意見）を付けた。それに対して、家永氏は八四年に提訴した。この第三次教科書訴訟では南京虐殺や七三一部隊などと並んで、沖縄戦における「集団自決」が争点となった。この裁判のなかで、国側は「集団自決」を日本軍による犠牲ではなく、自ら国家のために殉じた崇高な死として描こうとした。つまり住民殺害を認めざるをえない代わりに、自ら国家に殉じた崇高な死を書かせることにより、日本軍の加害を薄めようとしたと言える（安仁屋政昭『裁かれた沖縄戦』参照）。

この裁判では、「集団自決」を記述せよとの検定意見は違法とまでは言えないとして家永側の敗訴となったが、事実関係については家永側の調査研究に基づく立証が明らかに勝っていた。最高裁判決（一九九七年八月二九日、いわゆる大野判決）では、「原審の認定したところによれば」として、日本軍による住民処刑などさまざまな例を挙げて、「県民を守るべき立場にあった日本軍によって多数の県民が死に追いやられたこと、多数の県民が集団による自決によって死亡したことが沖縄戦の特徴的な事象として指摘できるとするのが一般的な見解」であるとし、「集団自決の原因については、集団的狂気、極端な皇民化教育、日本軍の存在とその誘導、守備隊の隊長命令、鬼畜米英への恐怖心、軍の住民に対する防諜対策、沖縄の共同体の在り方など様々な要因が指摘され、戦闘員の煩累《はんるい》を絶つための崇高な犠牲的精神によるものと美化するのは当たらないとするのが一般的であった」としている。さらに「集団自決を記載する場合には、それを美化することのないよう適切な表現を加えることによって他の要因とは関係なしに県民が自発的に自殺したものとの誤解を避けることも可能」であるとも述べられている。最後の部分は、家永側の訴えを却下する理屈であるが、「集団自決」が日本軍によって強いられた、あるいは追い込まれたという叙述を容認するものでもあり、その後、教科書でもこうした書き方が一般化していくのである。

とりあえずの「集団自決」の定義

本書では、沖縄戦における「集団自決」とは何だったのか、なぜそのようなことがおきたのか、をあらためて検証したいと思う。「集団自決」という言葉の妥当性については最後に議論することとし、「集団自決」と表記して話を進めたい。とりあえず議論の出発点における「集団自決」の定義として、「地域の住民が、家族を超えたある程度の集団で、もはや死ぬしかないと信じ込まされ、あるいはその集団の意思に抗することができず、『自決』または相

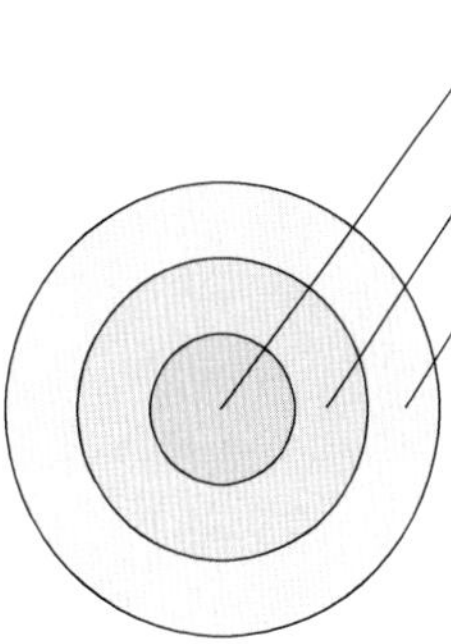

図１　「集団自決」と個別「自決」の区分　概念図

［説明］

A．家族を超えた，ある程度の地域的な広がりをもった規模でなされたケース（地域社会が媒介するケース）

B．AとCとの間のケース

ＡＢならびにＢＣの境界はあいまいであり，厳密に区別することはできない．広い意味での「集団自決」に含めることも可能である．

C．個人または若干名，あるいは家族単位でなされたケース（地域社会は媒介しないケース）

＊これはあくまでも分析のための基本的な概念図であり，個々のケースを厳密に分類できない場合があることはお断りしておきたい．

＊いずれも民間人が中心のケースを想定しているが，軍人が混在するケースも検討の対象としている．

互に殺し合い、あるいは殺された出来事」として理解しておきたい。したがって、若干名あるいは一家族単位のものなどについては、関連するものとして言及するが、厳密な意味での「集団自決」には含めずに議論を進める。

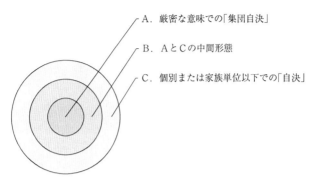

図は、「集団自決」と個別の「自決」を区分する概念図である。これはあくまでも分析のための理念を示したもので、実

際の個々のケースでは、明確に分類できないことが多い。「集団自決」を地域社会の問題として考えようというのが筆者の姿勢である。一つの集団が家族単位であっても、同じ狭い地域で同時に多発している場合は、地域社会の問題であるので、それらをあわせて一つの「集団自決」として考えたい。

なお必ずしも地域社会とはあまり関係ない家族単位の「自決」はここでは「集団自決」には含めないが、それらを含める議論が間違いと考えているわけではない。「集団」という言葉をどのように解釈するかによって理解が異なってくるが、ここでは、分析の方法として、ある程度限定して「集団自決」をとらえ、その特徴を把握しようとするものであることをお断りしておきたい。なお軍人の集団の場合は、対象には含めない。ただ民間人が中心の集団に軍人が混在している場合は、検討の対象として取り上げることとする。

出典の表記と証言の扱いについて

防衛省防衛研究所図書館所蔵の旧日本軍資料は、請求番号を記す（「沖縄23」、正式には「沖台—沖縄23」）。米軍の文書はアメリカ国立公文書館所蔵資料である。

刊行本は、著者名（または書名）とページ数を示す。ただし沖縄県史や市町村史・字史《あざ》などは「自治体名—巻数・頁」を示す（「座間味上一三頁」「浦添5・一二三四頁」）。同じ著者に複数の著作がある場合は、著者名に書名または論文名を加える。詳しい書誌情報は、巻末の参考文献リストを参照していただきたい。

当時の史料については、カタカナはひらがなに、旧字体は新字体、旧仮名遣いは一部新仮名遣いに、必要に応じて濁点を付すなど表記を改めた。

証言者にはわかる範囲で当時の年齢を記した。ただし誕生日によって違いが出てくるので、一応の目安程度に考えておいていただきたい。

証言の扱いについて述べておきたい。体験者の証言が持つ重要性は計り知れない。文書資料は多くの場合、権力者や勝者、知識人などなんらかの権力を持つものによって作成されることが多い。特に公文書はそうである。一般の人々の経験、そうした人々の思いや悲しみ、痛みなどはそうした文書からは切り捨てられ、わからないことが多い。普通の人々の視点、立場から歴史を振り返ろうとするときに、権力を持っていない人々の証言の価値は計り知れない。

本書で扱った出来事では文書資料は少なく、かなりの部分を住民たちの証言によって構成している。証言と文書のどちらに信頼性があるかという問題ではなく、証言であっても文書であっても、それが作成された（語られた）状況、関連するほかの証言・文書や当時の状況などと照らし合わせて、その信頼性を確認していく作業が必要である（いわゆる資料批判）。相互に補強あるいは裏づけできるような複数の証言がある場合、信頼性は高いと判断できる。孤立した証言（それを裏付けたり、補強するような他の証言や資料がないもの）の場合、ただちに事実かどうかの判断は難しいが、そうしたこともありうると考えられるものは、その点に留意しながらも紹介した。

なおさまざまな証言や文書資料、当時の状況などから、明らかに信頼性が乏しいと判断できるものは使わなかった。たとえば、「集団自決」がおきる直前、座間味島で忠魂碑の前で村長が数十人の村民を前に演説をしたという証言があるが、ほかの複数の住民の証言では、砲撃が激しくて、忠魂碑の前にとどまっていられるような状況ではなく、集まった住民はあちこちの物陰に隠れて、バラバラの状態だったという。そうしたことから見て、村長が演説したという証言（しかも以前から証言していた人が最近になって突然、以前とは違う内容を語り始めたようなケース）は信憑《しんぴょう》性が乏しいと判断できる。また座間味島の梅澤戦隊長が、助役らに対して「われわれは国土を守り、国民の生命財産を守るための軍隊であって、住民を自決させるためにここへ来たのではない」と語ったという同一人物の証言が、最近になってでてきた。ただこれを補強するほかの証言がないこと、さらに「国民の生命財産を守るための軍隊」という認識は明らかに戦後になってから生れた価値観であって、当時の軍人あるいは日本人の認識としてはまずありえないものであることから、この証言は信頼性に乏しいと考えられる。なお大阪高裁判決においてもこの人物の証言は、「明らかに虚言である」と断定し、証拠として採用できないという判断を下している。

証言者の勘違い、思い違いや記憶の混乱もあるし、長年の間にほかの人の体験談や本で得た知識などが自分の体験の記憶に混入してくることもあるので、意図的な歪曲がなされたとは必ずしも言えないが、いずれにせよそうした検証作業をおこないながら、証言内容を検討したうえで利用すべきことを確認しておきたい。

「集団自決」の実相

沖縄・慶良間列島

特攻艇Ⓡ

「集団自決」はどこで、どのようにして起きたのだろうか。一九四五年三月末から六月末までの三か月にわたる沖縄戦のなかで起きたものが多い。しかし沖縄だけで起きたものではない。日本がおこなった太平洋戦争のなかで、日本軍が民間人を巻き込んで戦闘を行った地域で、しかも日本軍が敗北していく戦闘のなかで見られる出来事である。

同時に、なぜ「集団自決」が起きたのかという理由を考えるとき、同じような条件にありながら、「集団自決」が起きなかった所と併せて考える必要がある。そうしたケースを順に見ていくことにしよう。

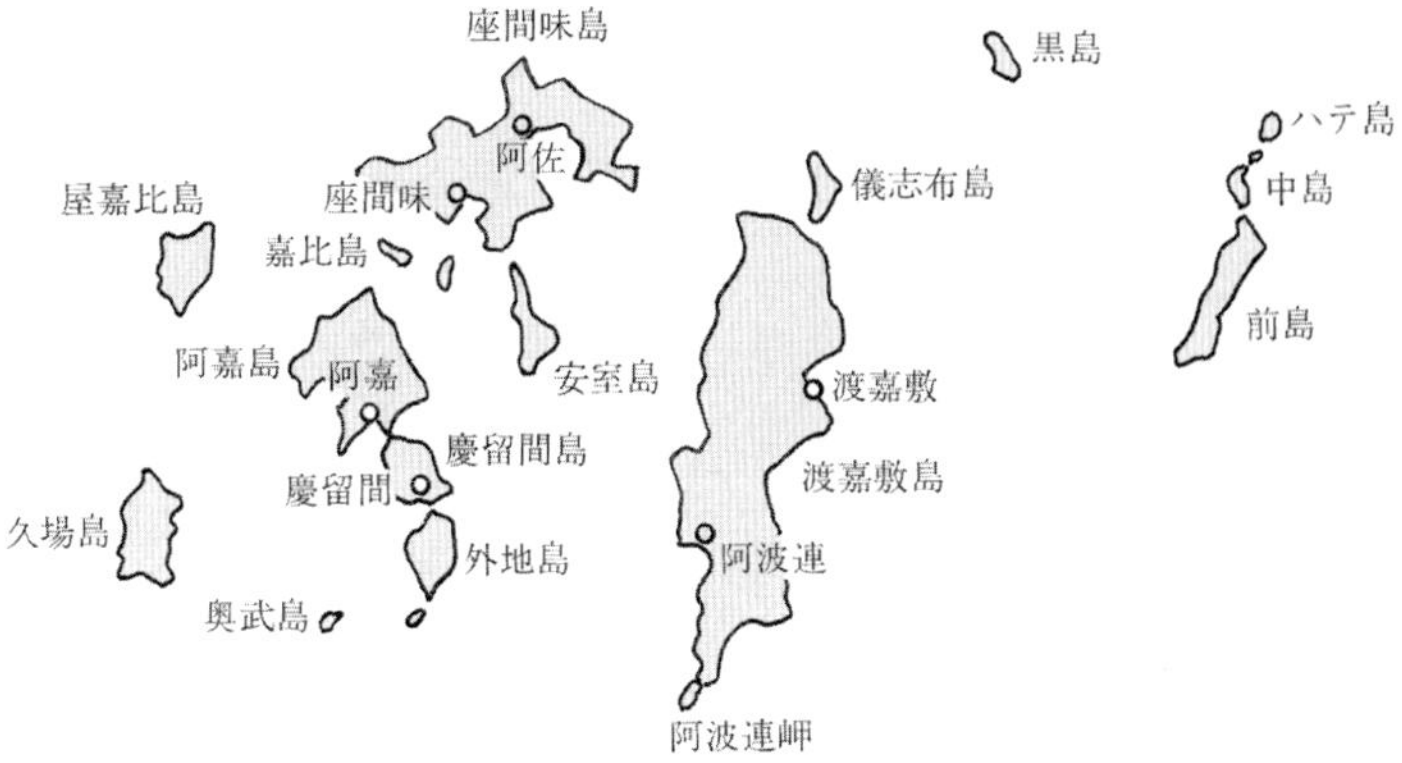

図2　慶良間列島地図

那覇の西方に浮かぶ島々である慶良間《けらま》列島には、㋹（マルレ）と呼ばれた特攻艇が配備されていた。これは長さ五㍍、幅一㍍ほどの一人乗りのベニヤ板製の舟で、一二〇㌔爆雷二個または二五〇㌔爆雷一個を付けて、敵艦に体当たりするという、陸軍が開発した特攻艇だった。敵艦の直前で爆雷を投下し急転回して逃げる方法も考えられていたが、事実上は特攻隊だった。一〇〇隻の㋹を一つの戦隊（一〇四名）とする海上挺進戦隊が、慶良間列島の座間味島（第一戦隊）、阿嘉《あか》島（第二戦隊）、慶留間《げるま》島（第二戦隊の一部）、渡嘉敷島（第三戦隊）に、またそれを支える地上部隊である海上挺進基地大隊もそれぞれ一九四四年九月に配備された。なお基地大隊の主力は、四五年二月に沖縄本島の兵力を補うために本島に移動し、米軍上陸時には、

図3　特攻艇秘匿壕（渡嘉敷・渡嘉志久ビーチ）

図4　慶良間へ向かう米軍上陸艇（1945年3月，沖縄県公文書館提供）

勤務隊・整備中隊・特設水上勤務中隊などがいた。水上勤務中隊は朝鮮人軍夫（軍の労務者）が主力の部隊だった。海上挺進戦隊長が島の最高指揮官であった。

慶良間に㋹が配備された理由は、沖縄本島の西海岸に上陸してくると予想された米艦隊に背後から奇襲攻撃をかけるためだった。ところが米軍はその予想に反して、その前に慶良間列島に上陸してきた。島々にはさまれて、穏やかな慶良間海峡を、船舶の停泊地ならびに水上機基地として確保するためだった。

沖縄攻略をめざす米機動部隊の艦載機が沖縄への空襲を始めたのが三月二三日未明からだった。さらに二四日からは艦砲射撃も始まった。二六日朝八時ごろから、阿嘉島、慶留間島、座間味島などに、二七日朝には渡嘉敷島に米軍が上陸してきた。予想外の米軍の砲爆撃に㋹の多くは破壊され、㋹の秘密が漏れないように残りは日本軍自ら自沈させた。出撃したのは慶留間の四隻のみとされている。海上の特攻隊だったはずの戦隊は島の山中の陣地に退避し、そこで米軍の攻撃を防ぎながら、一部兵力で夜間斬りこみをおこなうという戦いをおこなった。この慶良間の島々で「集団自決」が起こったのである。

座間味島

米軍の砲爆撃によって島の中心であった座間味集落は焼け落ち、壕（ガマ）での避難生活が始まった。二五日夕刻には砲撃が激しくなるなか、村

図5　座間味の忠魂碑

役場の職員が各壕を回り、非常米の配給があるから農業組合の壕に取りに来るように伝えられた。島の周りは米艦船に囲まれているのが見えた。同じ夜、座間味村助役の宮里盛秀さんをはじめ収入役、役場職員、国民学校長と、役場職員であり女子青年団員だった宮城初枝さんら島の指導者五人は、戦隊長梅澤裕少佐のいる本部の壕に行き、島民たちを「忠魂碑の前で玉砕させようと思いますので弾薬をください」と申し出た。しかし、しばらくの沈黙の後、戦隊長は「今晩は一応お帰りください」と断った。その帰り、助役は、役場職員であり防衛隊員でもあった宮平恵達さんに、各壕を回って島民を忠魂碑の前に集めるように伝令を命じた（宮城晴美二六―四〇頁）。

その夜、島の人々は「全員自決するから忠魂碑の前に集まるように」「忠魂碑の前で玉砕するから集まれ」「玉砕命令が下った」などの伝令のことばを聞いている。「玉砕」ということを聞いたかどうかに関わりなく、米軍に包囲された状況で忠魂碑の前に集まれということは「玉砕」を意味すると人々は受け止めていた。戦死者を顕彰するための記念碑である忠魂碑は、そのまま死につながる場所であった。

島民たちは死を覚悟し、身支度を整えて、砲撃のなかを忠魂碑に向かった。しかし忠魂碑の前についても砲撃のためにほとんど人がおらず、あるいは忠魂碑まで行けずに引き返し、それぞれの壕に避難し、そのいくつかの壕で「集団自決」がおきた。

宮川スミ子さん（一一歳）一家が忠魂碑の前に行ったとき、一人の兵隊が戦闘帽をかぶり脚絆《きゃはん》を巻いて、手榴弾を左手に抱えて、右手で配っていた。スミ子さんのおかあさんは『家族がみんな一緒でないと死ねない』と言って受け取らなかった」という（沖縄タイムス社三九一頁）。ただ忠魂碑付近は砲撃を受けており、とてもじっと立っていられるような状況ではなかったと言われているので（時間帯によって差はありうるが）、この夜の出来事

図6　村長以下「集団自決」碑（座間味）

かどうか、時間帯を含めて検討が必要だろう。

村長や助役をはじめ役場職員らとその家族が入った農業組合の壕では六七人が亡くなった。そのうち二六人は国民学校六年生以下の子どもだった。この壕では生存者がいないために「集団自決」の様子はよくわからない（宮城晴美二二四頁）。役場職員以外の住民で一時、この壕に避難していた人もいたが職員によって外に出され、後から来た人は、内側から鍵がかかっていて入れなかった。

座間味村の助役だった宮里盛秀さんは同時に村役場の兵事主任であり、また日本軍の防衛隊長でもあった。その妹の宮平春子さん（一八歳）と宮村トキ子さん（一三歳）の証言によると、二五日夜、家族が避難している壕に兄がやってきて、父に向かって「明日か、あさってに上陸は間違いないからね、軍から自決しなさいと言われているから、国の命令に従って、あの世に一緒にいきましょう」と言った。父は「軍からだったらしょうがないでしょう」と言ったが心残りだったようだ。兄はさらに「生きている間はね、親のことも何もできてなくて、あの世にいってから親孝行やりますから、笑って死にましょう」と水杯を交わした。

兄は、国民学校一年生だった長男をはじめ、六歳、三歳、一一か月の子どもたちを抱いて泣いた。それから兄が壕を出たとき、父が呼びとめ、「盛秀、もうどうにも生き延びられないのか」と言うと、兄は「父さん、軍からの命令です。もういよいよですよ」と何度もくり返して出て行った。その後、家族は農業組合の壕に行くが、すでに満杯で入ることができず、兄から「死ぬときは一緒に死ぬから」と言われて、自分たちの壕に戻ったために助かった（沖縄タイムス社三七二―三七五頁）。

産業組合の配給物資係だった宮里美恵子さんは、子どもらを連れて忠魂碑に行くが、校長夫妻らしかいなかったので農業組合の壕に行った。しかし鍵がかかっていて入れず、戸をたたいても返事がないので、「玉砕」したと思った。その後、再度行ってみたら中で死んでいるのが見えた。激しい衝撃を受けた彼女は、米兵から逃げて、校長らが入っていた学校職員らの壕（内川の壕、座間味集落から少し奥に入った盆地状の内川地区には住民の避難壕が集まっていた）にたどり着き、農業組合の壕のことを伝えた。

その壕にいた宮城恒彦さん（一一歳）によると、一人のおばさんが「半狂乱のようす」で、「大変だ。アメリカーがそこまで来ている。アンダミー（青い目）だった。銃剣をつきつけられた。つかまえられそうになった」、「それに農業組合の防空壕の人たちは、みんな死んでいた」と言ったというのが彼女だった。それを聞いた校長は「立派に死んでいきましょう」と言って、校長の音頭で「天皇陛下万歳」を三唱し、手榴弾を爆発させた。しかしそれではみんなは死にきれず、カミソリなどを使って自決が図られた。ここで亡くなったのは校長と若い女性二人（一人は教員）の計三人である（宮城恒彦五三頁　宮城晴美一二九―一三〇頁）。

島の東にある阿護の浦に面する大和馬と呼ばれた場所にあった整備中隊の二つの壕でも「集団自決」があった。整備中隊は、特攻艇部隊である海上挺進戦隊を支援する部隊である。一方の壕では、ひもで首に巻きつけて吊るして殺し、他方の壕では日本軍が残してい

図7　つつじの塔（座間味．学校長ら「自決」の壕）

た銃と銃剣が使われた（宮城晴美一〇三―一〇六頁）。座間味島では全部で八つの壕で「集団自決」による犠牲者が出ている。

なお家族を殺す役目を引き受けざるをえなかった大人の男が、死にきれず生き残るケースが少なくなかった。そうした人たちの戦後は、筆舌に尽くしがたいものだった。

ところで住民たちは日本軍からどのように言われていたのだろうか。

宮平初子さん（一六歳）が家族と忠魂碑の近くの壕に行くと、そのなかにいた兵隊から「明日は上陸だから民間人を生かしておくわけにはいかない。いざとなったらこれで死になさい」と手榴弾を渡された（沖縄県史10・七四六頁）。

島民に忠魂碑前への集合を伝令した宮平恵達さんの姉宮里育江さん（二〇歳）は、軍の経理部で働いていたが、二五日に小隊長から「あなた方は民間人だし、足手まといになるから連れていくわけにはいかない」、「これをやるから万が一のことがあったら、自決しなさい」と手榴弾を渡され使い方も教えてくれた。その後、女性たち五人で山中を逃げる中、ベルトやひもで首を吊ろうとしたが失敗、さらに一緒になった防衛隊員数人と手榴弾を爆発させようとするが不発に終わり、助かった（宮城恒彦一六二―一六五頁）。

宮城初枝さん（二三歳）は、梅澤戦隊長と会った後、助役らとは別れて、その後、彼女を含めて若い女性たち五人が日本軍に弾薬運びを命ぜられたとき、軍曹から「途中で万一のことがあった場合は、日本女性として立派な死に方をしなさい」と言われて手榴弾を渡された（宮城晴美四六頁）。二七日、山中でみんな玉砕したと思い込んだ五人は手榴弾を爆発させて自決をはかるが不発に終わった。その後、島民と出会い、それからは自決をしようとしなかった。

宮平春子さんは、三月二三日に空襲が始まったときにあわてて近くの壕に逃げ込んだ。そのなかにいた日本兵から「米軍の上陸は目前だ。あんたたちも絶対捕まえられないように、自決しなさいよ」、「あんたたちは捕まえられたらすぐ強姦される。ちゃんと潔く自決しなさい」と言われた（謝花《じゃはな》直美一四五頁）。

二五日の夜とみられるが、県立水産学校の二年生だった中村尚弘さんは帰省中に召集され伝令を務めていた。弾薬運びを命じられた際に、隊長とみられる軍人から「万一の時には、潔く自決してほしい」と手榴弾一個を渡され、使い方も教えてもらった（宮城恒彦一二八頁）。

上洲幸子さん（二三歳）は、山中に逃げていたとき、ある中尉から、一〇人くらいを集めて「上陸してくるから、もし敵に見つかったら、舌噛み切ってでも死になさい」と言われた（沖縄タイムス社三九四頁）。また日本軍の看護婦をしていた妹は、兵隊から「あんたは島の人で、そこの山はどうなっているかわからん。あんた、難儀するより、早く手榴弾で自決したほうがいいんじゃないか」と言われている（沖縄タイムス社三九四頁）。

日本軍の壕に入った宮平千代枝さん（一三歳）らは、ある中尉から祖母ヨシさんに「おばさんの家族はこっちでひとかたまりになって、死んだほうがいいのではないか」と言われ、さらに手榴弾の扱い方を知らないはずだから、家族で輪になったところに投げ込んでやろうかと言われた。千代枝さんは「絶対に死なない」と拒否、道案内をするからという条件で日本軍と一緒に移動することとなった（謝花一三〇頁）。

このように、米軍の上陸が迫る中、あるいは上陸する中、日本軍はさまざまな場所でさまざまな機会をとらえて、住民に対し、いざというときには自決せよと命じ、手榴弾を配っていたことがわかる。また住民が自決するのが当然と考えて、そのように促していたこともわかる。

座間味島には、座間味、阿佐《あさ》、阿真《あま》の三つの集落があったが、「集団自決」がおきたのは、島の中心であり港や役場があった座間味だけである。その犠牲者は一七七人とされている。その詳細がわかっている一三五人のうち、一二歳以下の子どもが五五人、一三歳以上では女性が五七人を占めている。合わせると八三％にのぼる。一部は、手榴弾の爆発で亡くなっているが、多くは大人の男たちによって殺されている。犠牲が出た三四世帯中二〇世帯で、家長によって直接手を下されたという（宮城晴美「同化政策の結末」五四頁）。

住民たちは、ほかの住民がたくさん生き残っていること、特に日本軍が玉砕していないことを知り、さらに米軍が「集団自決」で負傷した人々を治療し、住民に食糧を渡すなど保護している情報が入ってくると、もはや「集団自決」をしようとはしなかった。

座間味島の軍の指揮官である梅澤戦隊長は、四月一一日（または翌日）に重傷を負い、その後、部隊はバラバラに行動を取るようになり、生き残った住民も五月上旬までには米軍に収容された。梅澤は五月末に米軍の捕虜となり、その後、米軍やすでに投降していた部下の説得を受けて、山中に残っていた将兵に投降するように促した。

慶留間島

阿嘉島のすぐ南隣の慶留間島も座間味村である。ここには、海上挺進第二戦隊の第一中隊が島の北側に配備されていた。慶留間の集落は島の南側にあり、ちょうど反対側になる。

三月二六日の朝、米軍は集落のある南側から上陸してきた。Ⓛの一部（四隻ともいう）が出撃したようだが、ほかは米軍の攻撃を受けて破壊され、一部の生存者は阿嘉島に脱出していた。

当時中学生で島にもどっていた與儀《よぎ》九英さん（一五歳）は、軍に動員されて監視哨の当番や物資の運搬などをさせられていた。彼の証言によると、四五年二月八日の大詔奉戴《たいしょうほうたい》日《び》に阿嘉島の戦隊長野田義彦少佐が慶留間を訪れ、分校の校庭に村民一〇〇名ほどを集めて訓示をおこなった。そこで「敵の上陸は必至だ。敵上陸のあかつきには全員玉砕あるのみ」と住民に対して玉砕を訓示し、彼は「強烈な印象を受けた」（謝花一六二頁）。この訓示を聞いた島民は「いざとなったら自分たちもいさぎよく『玉砕』しろという意味だな」と受け止めていた（座間味上三五八頁）。

中村武次郎さん（一五歳）は、以前より日本軍から「死ぬ場合には前もって一中隊に連絡しなさい。一緒に死ぬから」と言われていた（座間味下一一六頁）。

米軍上陸を見ていた中村米子さんは、「日本兵がシナで行なった残ぎゃく行為が米兵によってそのままなされるという話が頭をかすめた」（沖縄県史10・七二八頁）。また中村武次郎さんも「サイパンでは、男は道に手と足をくびって戦車通すとか、女は強姦して殺したと聞いていた」（沖縄タイムス社四〇〇頁）。

山の中に逃げ込んだ島民たちは一中隊の壕の方に行こうとしたが、米軍の攻撃で近づけない状況にあった。島民のなかから「兵隊たちは玉砕している。私たちも自決しないと」という声があがり、島中央部のサーバルの壕で「自決」が始まった。その「自決」の話が伝わり、ほかでも「自決」がおこなわれた。中村武次郎さんの姉清子さんは、米軍に捕まると強かんされるなど「それまで散々な話を聞いていた」ので、早く自分から殺してくれと母親に頼んだ。そして清子さんを真中にして、母親と武次郎さんが両側になり一本のひもで三人の首を巻いて締めた。しかし両側の二人は死にきれず清子さんだけが死んだ（謝花一七二―一七三頁）。

慶留間ではひもを使って首を絞めたり、首を吊って「自決」がおこなわれたケースが多かった。「自決」しようとした人たちはみな、島民たちは全員死んだと思い込み、「島に生き残ったのはきっと自分たちだけなんだ」と思っていた（宮城恒彦二一四七頁）。

「集団自決」の模様がわかるのはほとんどが現場にいた住民たちの証言によるが、実はその直後の様子を記録していた人々がいた。それは慶良間列島に上陸してきた米軍だった。「集団自決」の現場を見つけた米軍は、生き残っている負傷者を助け出して海岸に連れて行って治療をおこなった。と同時に、人々がなぜそういうことをしたのか、さまざまな形で聞き出し、それを報告書に記していたのである。

慶留間に上陸した米軍の報告書によると、パトロール隊が約一〇〇人の民間人を捕らえ、また「およそ四〇人の民間人が洞窟の中で自決しているのを発見した」。かれらに尋問したところ「民間人たちは、三月二一日に、日本兵（複数）が、慶留間の島民に対して、山中に隠れ、米軍が上陸してきたときには自決せよと命じたとくりかえし語っている」と述べている（歩兵第七七師団砲兵隊「慶良間列島作戦報告」一九四五年四月三日、RG407/Entry427/Box11550）。また別の米軍報告書では、「（慶留間の）ある洞窟のなかで、一二人の女性が島民らによって首を絞められているのが見つかった。ほかの民間人たちが言うには、日本兵たちから、米軍が上陸してきたときには、家族を殺せと諭されていたという。民間人た

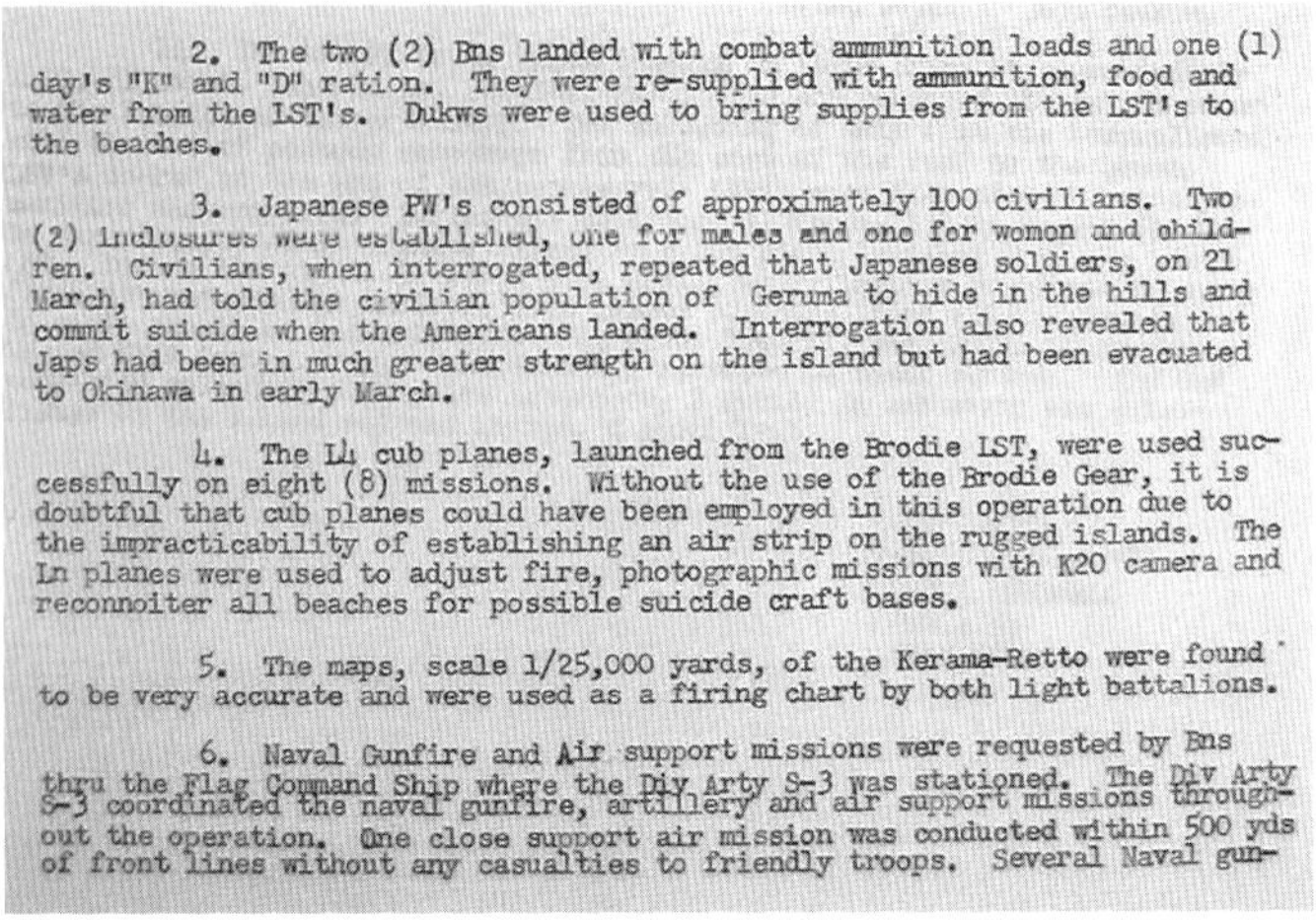

2. The two (2) Bns landed with combat ammunition loads and one (1) day's "K" and "D" ration. They were re-supplied with ammunition, food and water from the LST's. Dukws were used to bring supplies from the LST's to the beaches.

3. Japanese PW's consisted of approximately 100 civilians. Two (2) inclosures were established, one for males and one for women and children. Civilians, when interrogated, repeated that Japanese soldiers, on 21 March, had told the civilian population of Geruma to hide in the hills and commit suicide when the Americans landed. Interrogation also revealed that Japs had been in much greater strength on the island but had been evacuated to Okinawa in early March.

4. The L4 cub planes, launched from the Brodie LST, were used successfully on eight (8) missions. Without the use of the Brodie Gear, it is doubtful that cub planes could have been employed in this operation due to the impracticability of establishing an air strip on the rugged islands. The L4 planes were used to adjust fire, photographic missions with K20 camera and reconnoiter all beaches for possible suicide craft bases.

5. The maps, scale 1/25,000 yards, of the Kerama-Retto were found to be very accurate and were used as a firing chart by both light battalions.

6. Naval Gunfire and Air support missions were requested by Bns thru the Flag Command Ship where the Div Arty S-3 was stationed. The Div Arty S-3 coordinated the naval gunfire, artillery and air support missions throughout the operation. One close support air mission was conducted within 500 yds of front lines without any casualties to friendly troops. Several Naval gun-

図8　慶良間に関する米軍資料（米国立公文書館）

ちはいま、その指導に従ったことを非常に憤慨しており、ある民間人は恨みを晴らそうとある日本兵捕虜を殺そうとしたほどである」とある（歩兵第七七師団「G2サマリー　慶良間列島」一九四五年四月二日、RG407/Entry427/Box11571）。

　戦隊長からあらかじめ、いざという場合には自決せよと命じられていただけでなく、多くの日本兵からも「自決」せよ、あるいは家族を殺すように言われていたことがわかる。こうした人々の証言が、事件がおきた直後に記録されていたのである。

　中村茂さん（一六歳）ら十数人が自決しようとしていたとき、あるおばあさんが来て、ある女性に「あんたの子どもが生きているよー」と伝えた。「アメリカーが助けていると聞いて、この母さんもびっくりしていた。自分らはほかにも生きている人がおるんだと、初めて分かった。アメリカーはちゃんと看病もやっていると初めてわかった。これでは死んではいけないということになった」（沖縄タイムス社四〇六頁）。

人々が「自決」をしなくなるのは、ほかにも生きている人たちがいることがわかったときだった。さらに米軍が残虐なことをするどころか、反対に負傷者を助けていることがわかるともはや自決する者はいなかった。このことはほかの島々にも共通している。

米軍は負傷者を海岸近くの駐留地に連れてきて治療にあたった。二七日午後三時には、パトロール隊が二歳くらいの小さな女の子を連れて戻ってきた。先に紹介した一二人が死んでいた壕からである。その子は首をしめられていたがまだ生きており、軍医が、その子の首の、紐で作られたひどい火傷《やけど》を治療した（野砲第三〇四大隊「部隊日誌」、RG407/Entry 427/Box11647）。慶良間列島の重傷者らは座間味に移送され、そこに開設されていた米軍の野戦病院で治療を受けた。二七日に座間味に上陸した第六八移動外科病院は、初日だけで約二〇〇人の民間人を治療した。米軍の病院スタッフは、日本軍の「狙撃手からの銃撃を受ける中」、海岸で沖縄の民間人への救急治療を施した（第六八移動外科病院「琉球作戦

作戦報告」一九四五年七月二九日、RG407/Entry427/Box21741)。

「集団自決」から生き残り、こうした状況を体験した人々は敗戦後、與儀九英さんによれば、「お上にだまされた」と思い、『「集団自決」で死んだ人は、軍に殺された、お上に殺されたという認識で一致した」という（沖縄タイムス社四〇九頁)。

慶留間での「集団自決」の犠牲者は五三人とされている。

渡嘉敷島

渡嘉敷村である渡嘉敷島に米軍が上陸したのは、座間味島などよりは一日遅い二七日朝だった。空襲と砲撃は二三日から始まり、海上挺進第三戦隊などの日本軍は二五日夜から翌朝にかけて特攻艇を自沈して二六日には島北部の山中の西山陣地に集結した。その日、戦隊長赤松嘉次大尉は、兵事主任や巡査を通じて島民に対し、日本軍陣地の近くに移動命令を出し、島民たちはその夜、雨の降る中を砲撃の合間をぬい、渡嘉敷集落から恩納河原《おんなかわら》を伝わって、北部の山中、日本軍陣地近くの谷間などに集まっていった。島の南にある阿波連《あはれん》集落からも山中を通って、そこに集まってきた。そしてその翌日、二八日に「集団自決」がおきた。

渡嘉敷村の兵事主任であった新城真順さんの証言によると、米軍上陸の一週間前である三月二〇日、兵事主任を通して非常呼集がかけられて役場の職員と一七歳未満の青年あわ

図9　日本軍の壕のあった谷間（渡嘉敷）

せて二十数人が集められた。軍曹は部下に手榴弾を二箱持ってこさせ、一人二個ずつ配り、一発は敵に投げ、もう一発でいざというときには「自決」せよと指示した（渡嘉敷通史編一九七頁）。

軍の炊事班などに動員されていたある女子青年団員が二三日夜に解散となって家に帰るとき、彼女たちには手榴弾二個ずつが配られていた。彼女たちは一個は自決用と理解していた（沖縄県史10・七八七頁）。

さらに二七日夜、日本軍陣地の北側の谷間、恩納河原の上流に集合させられた島民はそこで雨の中を一晩を過ごした後、翌日軍から自決命令が出たという情報が島民に伝えられた。その際に防衛隊員たちが島民に合流し、手榴弾を持ちこみ、配られた。それらの手榴弾により「自決」が始まった。

日本軍のある軍曹が一九九五年に書いた回想記によると、米軍が上陸してから、住民たちが来て、村長が「手榴弾を二個ずつくれ」と言っているとのことで、「私は、本部兵器係でしたので、全戸に二発ずつ渡しました」と記している。この回想記では上陸を二六日と一日間違っているが、米軍上陸後に住民に手榴弾を配布したことを語っている（NHK沖縄「ドキュメント沖縄　集団自決六三年目の告白」二〇〇八年二月一日放送。その手記は一九九五年一二月に出されたある小冊子に収録されている）。

防衛隊員だった小嶺源治さんは、米軍上陸後、戦闘準備命令が出ているなかを手榴弾二個を持って家族の下に合流している（沖縄県史10・七八五頁）。阿波連の青年団の分団長だった玉城源二さん（一九歳）は、二七日に男には一人二個ずつ手榴弾が渡されたことを証言している（渡嘉敷資料編四〇七頁）。集まった島民たちに手榴弾が配られたという証言はたくさんある。それぞれの防衛隊員が個別に一人二個ずつ持ち込んだだけにとどまらず、組織的に配布されていたとしか考えられない。また米軍が上陸し戦闘準備の態勢を急いで作ろうとしつつあるときに、多くの防衛隊員たちが陣地を離れて家族たちのところに行ったことも日本軍の上層部の命令あるいは承諾なしには考えにくい。本部兵器係の軍曹の証言と合わせて考えると、防衛隊員を通じて軍が大量に手榴弾を配布したと言ってもよいだろう。

このとき渡嘉敷に配備されていた日本軍の装備を防衛庁の戦史から見ると、海上挺進第三戦隊は、一〇四名に対して機関短銃五（弾薬六〇〇〇発）、各人拳銃（一銃につき弾薬四発）、軍刀、手榴弾（数の記載なし）、勤務隊（一六一名）には重機関銃二（弾薬一二〇〇発）、軽機関銃六、擲弾筒《てきだんとう》七、小銃一五二、黄色薬五五〇キロ、整備中隊（五五名）には小銃四五、特設水上勤務中隊（一四名の将兵と朝鮮人軍夫二一〇名）には「少数の小銃」となっている（防衛庁『沖縄方面陸軍作戦』二四四頁）。機関銃の弾薬はこの程度ではあっという間に使い尽くしてしまう程度にすぎず、こうした武器の中では手榴弾はきわめて貴重な武器だったことがわかる。座間味でもほとんど同じような状況だった。この中で大量の手榴弾を住民に配布していたというのは、駐留している軍の組織的な行為と考えるしかない。

さて恩納河原には村長や前村長、校長、防衛隊員ら村の有力者たちが集まっていた。吉川勇助さん（一五歳）によると、そこに「陣地方向から来た防衛隊が、村長に耳打ちをした。村長がおるから、私は近くにおった。何を言っているか分からなかったけど、うんうんと、村長は頷いて」（沖縄タイムス社三四九―三五〇頁）、それから村長の音頭で「天皇陛下万歳」を唱和し、それぞれの家族らが集まって手榴弾を爆発させた。手榴弾が不発で生き残った村長の米田惟好さんによると、自決の輪から離れていた安里《あさと》喜順巡査を自決に誘うと彼は「いや、私はこの状況を赤松隊長に報告しなければならないので自決は出来ません」と答え、離れて見ていたという（沖縄県史10・七六八頁）。巡査は軍と村・住民をつなぐ、重要な要《かなめ》の位置にあったと見られる。

手榴弾では死にきれなかった人々は、鎌やカミソリ、石、木の棒などで力のある男が家族、つまり女性や子ども、老人を殺していった。残った人たちは日本軍陣地に向かうが追い返され、その近くでまた「集団自決」をおこなった。犠牲者はあわせて三二九人と言われている。

そのときの状況をその場にいた、一六歳の金城《きんじよう》重明さんは次のように語っている。

（手榴弾を爆発させたが不発も多かった後）突然、私の目に一つの異様な光景が飛込んできました。一人の中年の男性が、一本の小木をへし折っているのです。私は、いぶかりながら目を凝らしました。男性はついに小木をへし折りました。そしてその小木が彼の手に握られるや否や、それは〝凶器〟へと変わったのです。彼は、自分の

図10　渡嘉敷の「集団自決跡地」の碑

愛する妻子を狂ったように殴殺し始めました。この世で目撃したことのない、いや想像したことさえない惨劇が、私の眼前に出現したのです。以心伝心で、私ども住民は、愛する肉親に手を掛けていきました。地獄絵さながらの阿鼻地獄が展開していったのです。剃刀《かみそり》や鎌で頸動脈や手首を切ったり、紐《ひも》で首を締めたり、棍棒や石で頭部を叩くなど、戦慄すべきさまざまな方法が取られました。母親に手をかした時、私は悲痛のあまり号泣しました。私たちは「生き残る」ことが恐ろしかったのです。わが家は両親弟妹の四人が命を断ち

ました。（金城重明五三―五四頁）

渡嘉敷での状況について、AP通信のニュースでは、次のように報じられている。

　質問に答えられるまでに回復した日本人達は、米国人は女は暴行、拷問し、男は殺してしまうと日本兵が言ったのだと通訳に話した。彼らは、米国人が医療手当をし、食料と避難所を与えてくれたことに驚いていた。自分の娘を絞め殺したある老人は、他の女性が危害を加えられず親切な扱いを受けているのをみて悔恨の情にさいなまれていた。（『ロサンゼルス・タイムス』一九四五年四月二日、沖縄県史　資料編3―九頁）

吉川勇助さんと嘉勝さん（六歳）の兄弟一家は、手榴弾が不発だったことと、母親から手榴弾を捨てろと言われて助かった（謝花三九頁、沖縄タイムス社三五八頁）。ある女子青年団員の場合は、弟が「自分は死なんぞ」と言って手榴弾を捨てて逃げていったのが幸いした（沖縄県史10・七八八頁）。生きたいという一言が、人々に正気をとりもどさせるきっかけとなったケースは、ほかの証言でもよく見られる。

　島民たちが恩納河原に集まってきた二七日夜からは雨が降り、米軍が数百㍍の所に迫っていると伝えられ、砲撃も降り注いでいた。島民たちが集まった場所は島の北側で逃げ場はもはや残されていなかった。日本軍陣地に行った島民たちは追い返されていた。米軍が

図11　白玉の塔（渡嘉敷）

迫り、自分たちも逃げ場がない状況で、日本軍ももはやこれで「玉砕」だと住民たちが信じるなかで「集団自決」がおきた。そのための重要な道具である手榴弾が、米軍上陸前と、陣地近くに集まった際の少なくとも二回は、日本軍によって組織的に配られていた。

渡嘉敷島での「集団自決」の犠牲者は、渡嘉敷村の援護法関係の公簿から推計して三三〇人（防衛隊員四二名を含む）とされている（「白玉の塔」の説明板、二〇〇八年三月一日付）。渡嘉敷村における、渡嘉敷村を含めた沖縄県出身の民間人の戦没者は計三八〇人（防衛隊員を含めると四二二人）であるのに対して、本土出身将兵の戦没者は八一人となっている。軍人の四倍以上の住民が犠牲になっている。なお朝鮮人軍夫の戦没者数は不明であり、ここに日本の戦争に動員しながら、戦後はその被害者を放置している日本の姿勢が現れている。

なお山中に立てこもっていた赤松戦隊長らは、七月はじめ、投降勧告に送られてきた伊《い》江《え》島島民六人を処刑あるいは自決を強要し、さらに八月一五日の終戦の詔勅を傍受しながらも、翌一六日に降伏を勧告するために送られてきた四人の住民のうち二人は逃げたが、残り二人を処刑した。その後、赤松隊は軍使を送り、隊として投降した。

沖縄本島と伊江島

伊江島

沖縄本島の本部《もとぶ》半島の先にある伊江島《いえじま》には、東・中・西の三つの飛行場が建設されており、東洋一と言われていた。沖縄各地から多くの労働力を駆集めて建設した飛行場だったが（その詳細は林博史『沖縄戦と民衆』参照）、特攻機の配備が間に合わず、米軍がくる直前の三月中旬から読谷《よみたん》や嘉手納《かでな》も含めて飛行場は第三二軍の命令で破壊された。米軍はこの伊江島を飛行場の適地として四月一六日に上陸した。約二七〇〇名の日本軍（うち一〇〇〇名あまりが防衛召集者とみられる）、住民約三〇〇〇名以上がいた。激しい戦闘のすえ二一日夕刻に米軍は完全占領を宣言した。米軍は西側と南側から上陸、日本軍は東側にある唯一の山、城山を拠点に陣地を構えて抗戦した。

図12　アハシャガマ（伊江島）

島の東端にあるアハシャガマでは四月二二日約一二〇名が避難していたところに米軍に追われた防衛隊員たちが逃げ込んできた。壕が米軍の攻撃を受け、投降勧告がなされたが、防衛隊員たちが持ち込んだ手榴弾や爆雷を爆発させた。タバクガマでは五家族が、米戦車が迫ってきたのでダイナマイトを爆発させた（伊江四一頁）。

サンダタ壕では手榴弾で「自決」がはかられた。大城トヨさん（三七歳）によると、その壕にいた人々には日本軍から「捕虜になるくらいなら、子どもを先に殺し、その後に親は自決しなさい」と手榴弾が各家族に渡されていた（伊江二二五頁）。ほかのいくつかの壕でも手榴弾あるいは爆雷によって「自決」がおこなわれた。

山城悦さんの証言によると、兵隊たちが「負けたらどんなに惨めなことになるか、と自分たちの中国での体験を引きあいに出して話していました。その内容は、今でも口にしたくないのですが、とにかく、この兵隊たちは中国の人たちにたいして、ずい分とひどいことをしてきたのですね。それをとくとくと話しながら、負けたらこうなるのだ、だから、万が一負けるようなことにでもなれば、婦女子を殺して、自分たちも死ぬのだ、などといっているのです。そのとき、私は、兵隊たちの中国での体験談にたいして、もう止してくれ、それが人間のすることとか、そんな話は聞きたくない、といってやりました」（沖縄県史10・六四九頁）と語っている。

内間初枝さん（一八歳）は、軍作業の合間に日本軍から「米軍に捕まったら、男や老人、子供は、股裂きにして殺され、女性ははずかしめられる」と聞かされ、「捕まってはずかしめられるよりは自決をしなさい」と手榴弾を各家庭に渡されていた（伊江二二六頁）。

女子救護班に動員されていた大城シゲさん（一七歳）たちは、「米兵に捕まったら若い女性は強姦される、というような話を壕掘りなどの作業に出ている時にも兵隊たちからよく聞かされていました。だから米兵に捕まる前に死ねればいいのだけれど、生き残ってしまった場合は大変なことになると思って、救護班の役目だけでなく、兵隊と同じように弾運びや斬込みにも行きました。特に中国帰りの兵隊たちが、生き残ったら強姦されるから斬込みにも協力しなさいと言っていました。日本兵が中国の人たちを強姦した話は支那事変の帰還兵だった伊江島出身のゲンエイさんが『若い人は皆強姦されよった』と話していましたから、これを聞いて、生き残ったら大変と思い、早く死なないといけないと思っていました」と語っている。彼女の父は弾運びをしている娘を見て、弾《たま》運びまではさせないと言ったが、伍長からは「国家あっての個人だぞ」と叱られたという（伊江七五〇―七五一頁）。

米軍に捕まると強かんされるという宣伝を煽ることによって、生き残ることへの恐怖心を植え付け、それを弾運びや斬り込みに動員する手段に利用していたことがわかる。中国での日本軍による強かんの話は、その恐怖心を煽るうえで大きな効果があった。実際に多くの女子救護隊員たちが斬り込みに参加させられて命を落とした。

死を強制されたのは兵士も同じだった。女子救護班だった古堅保子さん（一七歳）は、斬り込みに行った兵が重傷でもどってきたところ、上官が「どうして死ななかったんだ、どうして生きて帰ったんだ」と怒鳴りつけ、また「分隊長が重傷者を壕の外に出して自決を命じたこと」など、「戦闘のむごたらしさ、日本軍の非人間的行為が強烈な印象として残っています」と語っている。その後、兵隊も女子救護班員も全員集合させられ、玉砕することになり手榴弾二個を与えられ、飛行場方面に斬り込みに向かう班に入れられた。幸い、途中、砲撃でバラバラになって助かった（沖縄県史10・六三七頁）。

もちろん米軍の呼びかけに応じて壕から出ようとした人たちは日本軍によって殺された。ある壕で母親が赤ん坊を抱いて出ようとすると、二人の日本兵が銃剣で赤ん坊を刺殺し、抱いていた母親も銃剣で殴られて倒れた。その母親の手には抱いていた赤ん坊の服だけが手に残っていた。それを目撃していた阿波根昌鴻さんは、その赤ん坊の服を大事に保存し現在、伊江島の「命《ぬち》どぅ宝の家」に展示されている（謝花悦子さんの話）。

召集されて伊江島に配置されていた富原盛光さんによると、米兵の呼びかけに応じて出て行こうとした女性が日本兵に射殺されたので、沖縄出身の兵士たちは怒って本土出身兵たちと銃を構えて対立したことがあったという（沖縄県史10・一〇六八頁）。

伊江島での「集団自決」は、戦闘中の軍民混在の中で、日本軍の一員である防衛隊員が爆雷や手榴弾を持ち込んでおこなわれたものである。また少しでも足腰の立つ者は戦闘員化され、あらかじめ手榴弾を配られ、いざという場合には自決せよと言い渡されていた。「軍官民共生共死」が徹底されていた島だった。約三〇〇〇人の住民の半数以上が犠牲になったと見られているが、「集団自決」による犠牲者数はよくわからない。住民全体が日本軍によって死を強制されていたのであり、「集団自決」はその一つの形でしかなかったと言えるだろう。

読谷

沖縄本島の米軍上陸地点である読谷村《よみたん》（当時は読谷山村）でいくつか「集団自決」がおきている。米軍は四月一日に読谷―嘉手納―北谷《ちゃたん》の海岸に上陸してきた。日本軍の戦闘部隊の主力は、北飛行場（読谷）や中飛行場（嘉手納）のあるこの一帯から宜野湾《ぎのわん》以南の主陣地などに移動し、後方要員や防衛隊などで構成される若干

図13　チビチリガマ（読谷）

の部隊を形だけ配置していただけだった。かれらはすぐに撃破されて北部に逃げていった。

米軍上陸海岸からすぐのチビチリガマには読谷村波平《なみひら》の人たちが避難していたが、そこに四月一日上陸した米兵がやってきた。ガマのなかにいた一三歳以上の青年や大人は竹槍を持って「やっつけろ」とガマを出たところ機関銃でかんたんにやられ、二人が重傷を負った。米軍の通訳が「殺しはしないから、ここを出なさい」と呼びかけたが、米軍に捕まると「残虐な仕方」で殺されると信じこんでいた人々は、ガマの奥へ逃げ込んでいった。

翌二日、米軍がやってくると、壕内で「自決」がおこなわれた。一八歳の少女が米兵に強かんされるよりは、と母親の手で包丁を使って死んでいった。また元従軍看護婦が「軍人はほんとうに残虐な殺し方をするよ。うちは中国でさんざん見ているから、よく知っている」と言って、毒薬を親戚に注射して「自決」を始めた。さらにガマの途中のくびれたところに布団を重ねて火をつけて「自決」を主導したのは、中国従軍の経験がある元兵士だった（下嶋哲朗一〇〇―一一八頁、読谷上四六八頁）。

チビチリガマには米軍上陸直前まで日本軍がいたが、このときにはすでに後退していなかった。元中国従軍兵士と元中国従軍看護婦が日本軍の代弁者の役割を果たし、「自決」を主導した。この看護婦の知花ユキさんは、満州で看護婦をしていたことがあり、沖縄に戻ってきてからは、北飛行場で日本軍の看護婦をしていた。彼女は大山医院の看護婦だった玉城スエさんに、「大和魂で負けたらいかんよ。（略）もし戦争に負けることになったら、生きるんじゃないよ。自分で死んだほうがいい、捕虜になったら虐待されて殺されるんだから」と言って、満州で支那事変帰りの兵隊に聞いた「戦場での女の哀れ話」を話して聞かせたという（読谷下六九三頁）。中国での日本軍による残虐行為の経験が、若い女性を死へと追いやったのである。

ただ現役の武装した軍人がいなかったため、「自決」のときに「出たい人は出なさい」と言って、外に出ることを許したことが不幸中の幸いだった。ガマに避難していた一四〇人のうち「集団自決」で死んだ人は八三人、射殺されたりした人四人、残る五三人は出て助かった。助かった人には小さなこどもを連れた母親が多かった。チビチリガマにいた上原進助さん（一二歳）の場合、兵士に召集されて出かけるときに父が母に対して、「この戦は負けるから、私も、隙があったら逃げてくるからね。子供達を、一分でもいいから、長く生かしておいてくれよ」と言いつけていた。母はその言葉を思い出し、「出よう」といって外に出て助かった（読谷上四八二頁）。ただその父は戦死したという。

チビチリガマの犠牲者八三人のうち一五歳以下が四七人、国民学校生以下の一二歳以下でも四一人を占めている。ガマのくびれたところで火をつけられたため逃げようとしても逃げられず煙に巻かれてしまった人たちがかなりいると見られる。「みんながみんな、死ぬ気じゃないからもう、めちゃくちゃ。泣きわめくなど、せまいガマの中はたいへんでしたよ」という比嘉トシさんの証言にその様子がうかがわれる（下嶋一二一頁）。また前日の四月一日にサイパン帰りの男二人が着物や毛布に火をつけて「自決」を図ろうとしたとき、幼い子どもを持つ四人の母親が反発し、消し止めることがあった（読谷上四六二頁）。つまりガマの中の人々の間で「自決」するかどうかの対立があったのであり、そのことを考えると死のうという意志がないのに煙に巻き込まれてしまった人たちも少なくないと思われる。

読谷も伊江島と同じように四三年から飛行場建設が始まり、多くの日本兵が駐屯していた。沖縄本島では最大の飛行場であり多数の軍人たちが駐留していた。その日本軍によってウソと恐怖心が人々に注入されていた。そのうえに、この「集団自決」がおきたと言うべきである。

読谷のなかのほかのケースを見ると、同じ波平のある家族壕で、四月一日に家族七人（あるいはさらに若干名）が手榴弾で「自決」している（読谷上四七五―四七七頁）。

読谷のなかでは、楚辺《そべ》の区民が避難していたクラガーで四月一日、米兵の呼びかけに一部の人は壕から出たが、八人は壕内で「入水自殺」をした。六七、四五、四一歳の女性三人と一五、一三、六、三、一歳の五人の子どもたち、計八人だった（楚辺六三九―六四〇頁、読谷上四六八―四六九頁）。また四月六日ごろ、楚辺から恩納村に避難していた二家族一一人が、手榴弾で犠牲になった（読谷上一九九―二〇〇頁）。

伊良皆《いらなみ》の人が避難していたクニー山壕では、米軍上陸の三日前に地元出身の兵士（防衛隊員かどうか不明）がきて、「アメリカーが上陸すると住民はたいへんな事になる。どんな意地悪をするかわからない」と中国での戦争体験を話した。四月二日に米兵が「出てこい」と言いながら入ってきたので銃で射殺した。翌三日、ガス弾が撃ち込まれたので、外に出て行く者もいたが、二人の日本兵が「死にたいのは集まれ」と叫んで人々を集め、手榴弾を爆発させ、住民一四人以上と日本兵二人が死んだ（読谷上二二七―二二八頁、四七四頁、琉球新報社三三一―三三五頁）。

読谷村の調査では読谷村の「集団自決」の犠牲者は計一三〇人、うち四月一日から六日の間に一一六人となっている（読谷上四六〇頁、下二七一頁）。

なお後で見るように、米軍の呼びかけに応じて投降して助かったケースも大変多い。米軍上陸地点の付近で「集団自決」が判明しているケースは上記の読谷のケースだけであるが、一方、四月六日までに米軍が抑留した民間人は一万二六六一人にのぼり、二二日には一〇万人を突破している（林博史三三九頁）。したがって「集団自決」をしなかった住民の方が圧倒的に多いということも念頭において考えることが必要である。こうした点については後で検討したい。

沖縄本島でのいくつかの事例を紹介しておこう。これまでわかっているかぎりでは、読谷村のケースのように米軍上陸まもない四月はじめと、沖縄戦末期の六月の南部に分けられる。

中部地区

中部の美里村《みさと》（現沖縄市）では、四月二日、部隊が米軍の攻撃を受けて全滅状態になったとき、防衛隊員が部隊長から「自分の家族を始末せよ。米軍に捕まってスパイになるならたたき切る」と言われて家にもどった。自宅にもどった防衛隊員は、カマで妻子四人を殺し、自分は死に切れなかったので親戚の男性に介錯してもらった（『沖縄タイムス』二〇〇七年六月二一日）。それに続いてその近くで別の家族のケースや、那覇から避難してきていた人たち三十数人が家に火をつけるなどいくつかあったようである（『沖縄タイムス』一九八七年一〇月二五日、二〇〇六年八月一五日）。犠牲者は全部で四〇人以上とも見られるが詳細はよくわからない。ただ全体として部隊長の命令を受けてもどってきた防衛隊員の行動がきっかけとなったようである（沖縄市『美里からの戦さ世《ゆー》証言』二〇〇一一〇四頁）。

美里の東方の具志川《ぐしかわ》城址の壕では、四月四日竹やりと手榴弾を持って待機していた警防団長をはじめ青年男女が米軍に包囲され、手榴弾を投げたが反撃を受けて壕内に追いつめられた。そこで手榴弾を爆発させて一二三名中一一三名が死亡、一〇名が負傷した。米兵が出てこいと呼びかけたのに対し負傷者たちは出て行って助かった。ここに駐屯していた日本軍が三月末に移動するとき、若い女性たちは軍から一人二個ずつ手榴弾を受け取っていた。「一個はできるだけ多くの敵を殺し、一個は自決用に」とそれぞれに渡され、爆発させる方法も教えられた。男子中学校生たちも同じように手榴弾を受け取っていた。日本軍が移動した後、こうした青年たちがある種の「郷土部隊」となっていた。手榴弾を米軍に投げたうえで、残りの手榴弾で自決せよという日本軍の命令を忠実に実行したのだった（具志川5・四三一—四六四頁）。

南　部

日本軍が首里から南部に撤退するなかでのケースがある。南部の東側の玉《たま》城《ぐすく》村（現南城市）前川では五月三〇日に六か所の壕で二〇人あまりが「集団自決」で犠牲になっている。前川集落の防空壕が集まっている地域での出来事である。日本軍はさらに南部に撤退し、その後米軍がやってきたときである。これらの壕では日本軍から防衛隊員や義勇隊員、看護要員らに渡されていた手榴弾が使われた。「当時、日中戦争に従軍した元軍人から、中国の人々への残虐行為や捕虜になればどうなるか聞いていた」し、在郷軍人からは「捕虜なれば、でーじどぉー（大変だ）」と日ごろから言われていた（中村照子さんの証言、沖縄タイムス社三〇七—三一〇頁）。

その後、米軍に追いつめられた南部において、いくつも小規模の「自決」がおきている。そのなかで比較的大きなケースとして知られているのが、米須《こめす》のカミントゥガマである。魂魄の塔の近くにあるこの自然壕には、多くの住民が避難してきていたが、防衛隊員らが家族の下に戻ってきていた。また入口には日本兵二人がいたことも重要な点である。六月二〇日、米軍が手榴弾を投げ入れ、その後、投降の呼びかけがあった。しかし防衛隊員らの持ち込んだ手榴弾で「自決」がおこなわれた。犠牲者は二二家族五八人とされている。

大屋キミさんは「米軍の捕虜になったら男は戦車に引かれ、女は慰み者にされると友軍から教えられて」いたので、彼女の家族も自決しようとしたが兄の長女が「お父さん、生きた方がいいよ」とくりかえすのに考え直し、「何されるか分からないけど、とにかく出てみることにし」て助かった（石原ゼミナール一〇二頁—一〇四頁、米須四六七—四七〇頁、糸満下八七三頁、八九九頁、沖縄タイムス社三二一—三二六頁）。

六月三日に玉城の糸数《いとかず》のガマ、ウマックェーアブで、米軍が投降を呼びかけたのに対して、防衛隊員を通じて配られていた手榴弾を爆発させ、九人が死亡した。だが同じガマにいた残りの二七人は「どうせ死ぬなら太陽が見える明るい所で死のう」という言葉に応じてガマを出て助かった（『沖縄タイムス』、『琉球新報』、ともに二〇〇八年六月一八日）。

ほかにも家族あるいは数人で手榴弾を爆発させた例などがいくつもあるようだが、米軍による掃討作戦のなかで軍民雑居状態にあり、防衛隊員がもってきた手榴弾あるいはなんらかの形で日本軍から受け取った手榴弾を爆発させたケースが多いようである。言うまでもなく民間人が日本軍から手榴弾をもらうということは、いざというときには米軍には捕まるな、自決せよという意味が込められている。

沖縄戦における「集団自決」全体を見ると、慶良間列島では離島としての社会的規制力が強く、大規模な「集団自決」を引き起こしているが、沖縄本島ではチビチリガマとカミントゥガマのケースが数十人規模の比較的大規模なケースだが、概して小規模にとどまっている。ということは慶良間のケースは、それほど一般化できないことを示しているように思われる。この点はあとで検討したい。

太平洋地域・中国東北

サイパン

沖縄戦でおきたような「集団自決」のケースの最初は一九四四年六月から七月にかけてのサイパン戦でみられる。サイパン戦は、多くの民間の日本人を巻きこんだ最初の戦闘だったからであり、その後、同じようなことが各地でもおきていく。なおここで住民・民間人という場合は沖縄の人々を含めた日系日本人を指すことにする。それ以外の民間人は「集団自決」はおこなわないと言ってよいからである。

サイパンには当時、約二万人の日本人がいたが、その約半数が戦闘で亡くなったと見られる。このサイパン戦のなかで、日本軍による住民虐殺、住民スパイ視、投降阻止、自決強要、壕追い出し、食糧の強奪など沖縄戦でおこったことのほとんどすべてがすでにおこっていた。

サイパン島北端のマッピ岬周辺に追い詰められ、軍民が雑居しているなかで、「決して捕虜になるな、捕虜になるくらいなら自決せよ」という軍命令が住民に伝えられた（サイパン会四一四頁）。日本軍の部隊長は、住民たちに「天皇陛下の為に、また国の為に運命を共にしてくれ、我々は敵の陣地に突撃する。君達はこれで死んで呉れ」と言って青酸カリを配った。一二歳の山内米子さんは、おじさんとおばさんからその青酸カリをいやがるにもかかわらず無理やり飲ませられたが幸い助かった（沖縄県婦人連合会三一五―三一六頁）。

壕の中で泣きやまない一歳のめいを日本兵に絞め殺された外間清徳さんたち民間人は、島の北部で日本軍の将校から「天皇陛下から玉砕命令が下った。軍は今晩最後の攻撃を行う。住民は自決するように」と命令された。彼は日本兵から「捕虜になれば男は戦車でひき殺され、女は辱めを受けて殺される」と何度も聞かされていた。おばや母たちはカマで、またあちこちで手榴弾を爆発させる音が聞こえたが、彼は家族の中でただ一人生き残った（沖縄タイムス社三二三―三二四頁）。横田チヨ子さんも兵士から「敵に捕まれば男は切り刻まれ、女は暴行を受ける」と教えられ、「自決用に」と日本兵から手榴弾をもらった（沖縄タイムス社三二一―三二二頁）。

また海岸付近では軍から「みんな自決しろ」と言われ、多くの人が海岸の断崖から身を投げた。投降しようとした親子が背後から日本軍に射殺されたり米軍に保護された住民が日本兵に狙撃されて殺されたりした。島の端に追い詰められながらも投降することを許されず、軍からは「自決」せよと命ぜられ、「自決」を余儀なくされたのである。

テニアン・グアムなど

米軍はサイパン占領後、七月二四日に隣のテニアンに上陸、一週間あまりで占領した。ここでも日本軍によってサイパンと同様のことがおこっている。「米軍に捕まりそうになったら、これで死ぬように」と日本軍から手榴弾を渡された人もいた。比嘉一門の約八〇人が「集団自決」したのも「友軍の兵隊のいうことを真にうけて」のことだったという（浦添5・四二一頁）。またカーヒーの農場では二つの家族が「自決」をしたという（宜野座2・一三〇頁）。

追い詰められた島の南端のカロリナス岬では断崖から海に身投げする人もいた。もちろん日本兵による邦人殺害や壕からの追い出しなどもおきており、「日本軍はとにかく何をしでかすかわからないということで、民間人には恐れられていた」という状況はサイパンと同じだった（宜野湾3・五一一頁）。

米軍に「捕まえられたら、鼻も切られる、耳も切られる、戦車で轢《ひ》き殺される」、「子どもは捕まえられたら足を縛って海に投げ込まれ、女は裸にされておもちゃにされる」と聞かされていたという証言が、いくつもある（具志川5・二一七―二一八頁）。

さらに「支那事変で日本兵が現地の人を捕まえて来て強姦した上、股を引き裂いて殺したという話があった。また米兵はそれ以上に怖いという噂もあった」（北谷5・六〇三頁）と、中国での日本軍の体験が米軍への恐怖を裏打ちし、増幅したのも沖縄と同じだった。だから「捕虜になってみたら、米兵たちは日本兵が話していたのとは違い、親切だった」という感想が聞かれることになる（北谷5・六〇四頁）。

グアムには、七月二一日に米軍が上陸、二〇日あまりで占領した。グアムでの「集団自決」については情報が少ないが、同盟通信社の記者で報道班員としてグアムにいた高橋義樹さんは、島の北東端の断崖近くまで追いつめられた際、約二〇〇名の民間人を統率していた陸軍中尉が次のように呼びかけたという。「われわれは最後の決意をしなければならなくなりました。いよいよ敵がせまってきたときは、武器をとることのできる人はすべて突撃に参加していただくことは申すまでもありませんが、武器をとれない女の方たちはいまのうちに自決の覚悟を決めていただきたいのであります。それには断崖から海へ飛びこむとか……皆さんが適当と思われる方法をお選びになって、皇国に生を受けた婦人らしく、いさぎよく最後を飾っていただきたいのであります」。

そしてその中尉は女子どもを入れてダイナマイトを爆破する計画をたて、そのための洞窟を探すよう民間人の代表に命令した。その記者はこの集団から離れて助かったので、その後のことはわからない（高橋義樹三一〇―三一一頁）。

別のケースであるが、崖の上に数十人の民間人がおり、憲兵少尉から「日本軍は玉砕するから、民間人はこの崖から飛び降りて自決せよ、決して捕虜になるな」と言われたという。しかし崖から飛び降りる決心がつきかねていたところに行き会った軍医中尉が、米軍は民間人を殺すようなことはしないから投降するようにと言ったところ、ほっとした様子でジャングルの中へ入っていったという（吉田重紀一五七―一五九頁）。ほとんど軍事訓練を受けていなかった軍医の言葉がかれらの運命を左右したと言えるかもしれない。

現地の日本軍の将校たちの間でも、軍が「玉砕」するときには民間人も死ななければならないと信じており、そうした命令や行動をとろうとしていたことがわかる。サイパンやテニアン、グアムなどのケースは沖縄南部のケースと似ていると言える。

フィリピン・パナイ

フィリピンのパナイ島のケースは有名である。

一九四五年三月一八日約二〇〇〇の日本軍と約三〇〇〇の住民は米軍の上陸とともにイロイロの町を脱出、逃避行をはかった。だが、子どもなどのいる住民の列は日本軍から引き離されていった。小学校の校長や日本人会長らが相談し、ついていけない者は「自決」することに決めたと見られる。校長は人々を集め「自決」することを話し、残ろうと思う人は残りなさいと言った。窪地に集まった数十人から一〇〇人ぐらいの人々に、残った二人の傷病兵が手榴弾を投げ込み、さらに生き残っている人々を順に銃剣で止めをさしていった。その兵隊も最後に自決をした。これは三月二三日のことといわれている。奇しくも沖縄戦が始まった日である。

二人の兵隊の行動、民間人の殺害方法を見ると、足手まといとなる者を日本軍が処分したという性格が強いのではなかろうか。

生き残った人たちの証言をみると、住民は日本軍がフィリピン人に対しておこなっていた残虐な行為を見聞していた。そうした実体験から米軍やゲリラも残虐なことをすると信じていた。沖縄では人々は日本兵から中国での日本軍の残虐行為の話を聞いていたのだが、ここフィリピンでは直接、見聞していたことだったのである（那覇三8・五九三―六〇一頁、宜野湾3・四四八頁、読売新聞社大阪社会部『フィリピン　悲島』の「集団自決」の項)。

「集団自決」には入らないが関連ある出来事として、セブ島での事件がある。米軍の上陸にともない、日本の民間人たち約四〇人が日本軍と一緒に町から山中に避難した。その途中の四五年五月二六日ごろ、部隊を率いていた大尉の命令により、連れて行けないと見なされた約二五人の子どもたちが日本軍の手によって、薬あるいは銃剣で殺された。うち二一人の名前や年齢、性別が、生き残った親たちを尋問した米軍の捜査で判明している。

一〇歳以下の子どもが殺害の対象とされていたようだが、実際には、一二歳と一〇歳の子どもに加えて、日本人とフィリピン女性との間に生まれた二二歳と一九歳の二人の女性も殺されたようである。米軍の報告書によると、親たちは子どもを殺すことを部隊長から認めさせられていたと記しており、軍の命令に従わざるを得なかった状況がうかがわれる。日本軍と一緒に逃げられない者、つまり敵に捕らえられるかもしれない者は死を強いられる点では「集団自決」と共通する側面がある。なおタイラ、アサダ、チバナ、カトウ、マエダ、ナガミネ、テシマという子どもたちの姓から見て、沖縄出身者が半数程度を占めているようである（米太平洋方面陸軍司令部戦争犯罪局「Report No.241」一九四六年三月一四日、RG331/Entry1907/Box27）。

民間人であっても、少しでも役に立つ者は戦闘員として利用しながらも、敵の手に落ちないように死を強制していく、その際に状況によって、日本軍が処置（殺害）するか、民間人自ら「自決」するようにさせていた。パナイは前者の性格が強いケースであるし、セブは前者の典型的なケースだった。

旧「満州」

沖縄戦後も同じような悲劇は続く。それはソ連軍が侵攻してきた中国東北、当時の「満州」でのことである。

一九四五年八月一二日に四〇〇人以上が「自決」をしたとされている麻山事件では、逃避行をしていた先頭集団が「集団自決」をするが、団長は「沖縄の人達も最期を飾って自決した」と沖縄の例をもちだして「自決」の断を下した。団員のなかからは「沖縄の例にならえ」という声も聞かれた。「自決」はしなかったが、後方集団のなかでは「サイパンにならえ、沖縄に続くんだ」という声が出されたという（中村雪子一七八―九頁、二一三頁）。

大八浪泰阜《やすおか》村開拓団の「集団自決」と言われているケースは、逃避行の途中、日本軍将校らしき者から「子どもの泣き声がソ連軍に届いたら、集団が全滅する、そのために子どもは全部置いていくように」と「命令にも等しい言葉」が言われ、二〇人ほどが輪になったところに兵隊が手榴弾を投げ入れ、死に切れなかった者は兵隊が軍刀で刺し殺していった（飯田市歴史研究所一一四―一一五頁）。これは日本軍による殺害というべきケースだろうが、開拓団員たちがそれを受け入れさせられたという点では「集団自決」と共通するものがある。

満州でのケースは、基本的に開拓団という準軍事組織におけるものである。開拓団の幹部らが武装した集団であり、一般の民間人とはかなり様相を異にする。ソ連軍あるいは中国人からの攻撃に対して、男たちは応戦し、いよいよとなれば女子どもは自決するという団の話し合いがなされていたり、実際にそうした状況でおきている。したがって民間人の集団というよりも、準軍事組織のケースという性格が強い。

ソ連軍は日本人を民間人であっても保護しようとしなかったので、沖縄とは状況はかなり違うが、同じ東安省の東索倫河に入植していた埴科《はにしな》郷開拓団と高社《こうしゃ》郷開拓団とでは、前者ではいざというときには責任をもって婦女子を処置することを団として決め、「集団自決」をおこなったのに対して、後者はクリスチャンであった団長がどんなことがあっても自決することは許さないと命の尊さを説きつづけた。その結果、ソ連軍の攻撃によりほとんどが殺されてしまったが、残留孤児として生き延びた子どもたちが少なくなかった。

「集団自決」の場合には子どもたちはまず確実に殺されるのに対して、後者の場合はソ連軍に殺された親たちの屍《しかばね》の下で生き延びることができたのである（井出孫六、一六三―一七九頁）。

こうした各地での「集団自決」と言われている事例を見ていくと、サイパン―テニアン―グアム―フィリピン―沖縄―旧「満州」とつながっていることがわかる。日本軍が日本の民間人多数をかかえて戦闘をおこない、敗北していくなかで、各地で起こっている現象である。日本軍は、民間人が米軍あるいは敵軍に保護されることを許さず、死を強要した。条件が許せば、民間人を集めて軍が直接、手榴弾を投げ込んだり、止めを刺して殺害していった。投降しようとする者を殺害したのは、これらと同じ行為だった。また軍自らが手を下さなくても、民間人自らが手榴弾などで死ねと命令した。軍司令官や隊長が命令したかどうかは問題ではなく、さまざまなレベルの日本軍将校をはじめ下士官兵らが民間人に米軍に捕まるな、いざという場合は自決せよとの軍の意思を伝えた。民間人であっても捕虜になるな、いざというときは死ねということが、絶対的な国家意思として覆いかぶさっていた状況下では、そうした軍人による言動は民間人にとって軍の命令以外の何物でもなかった。

ただ厳密に見ていくと、「集団自決」と言われながらもそれぞれに違いがある。サイパンなどマリアナ諸島の場合、沖縄戦末期の本島南部のように軍民が混在する中で、おきている。日本軍による住民虐殺もおきており、日本軍と行動を共にし、逃げ場のなくなった民間人が軍から死を強いられていた状況がわかる。サイパンなどは第一次世界大戦後に日本の委任統治領になり、大量の移民が始まったので、沖縄のような古い地域共同体の統制力というよりは、戦場における日本軍の絶対的な物理的強制力を背景に、軍との直接的な接触のなかで「集団自決」に追い込まれたと言えるだろう。

フィリピンのパナイとセブのケースは、日本軍によって処分されたと言える。イロイロ町の日本人指導者たちが決定したものであって、「集団自決」に含めてもよいと思われるが、より直接的に日本軍によって殺されたケースである。

旧「満州」のケースは、開拓団という準軍事組織のケースであり、沖縄のケースでいえば、具志川城址のケースに似ているといえる。またソ連軍のひどさは米軍とは異なっており、ソ連軍のあり方も一因となっている点でやや異なるケースである。

民間人に「自決」を促す際に、日本軍がアジアの民衆におこなった残虐行為が日本人の「集団自決」を引き起こす大きな要因となっていることもわかる。フィリピンではその経験はより直接的だった。

またいずれのケースでも、民間人であっても敵軍に保護されることさえも許さない日本軍による、強制と誘導が大きな役割を果たしており、日本軍による日本人住民虐殺やさまざまな迫害も同時に起こっている。このことを見ても、こうしたことが一部の例外の日本軍がおこなったことではなく、日本軍のあり方全般にかかわる問題であることを示している。

「集団自決」がおきなかった島々

沖縄戦における「集団自決」の死亡者は、ここで紹介したケースをすべてあわせたとすると一〇〇〇人程度にのぼる。家族単位あるいは若干名の小規模な民間人の「自決」は六月の南部などで多く見られるので、それらをも対象に含めると、人数は推測することも難しい。

保護された民間人

慶良間列島の攻略戦を担当した米歩兵第七七師団の報告書によると、三月三一日二四時の時点までに保護した民間人は計一一九五人（座間味三一〇、慶留間一〇〇、渡嘉敷一一八、阿嘉四〇〇、屋我地《やがじ》二六七）である。捕虜は朝鮮人軍夫を含めて計一二一人である（「G2サマリー　慶良間列島」一九四五年四月二日）。この段階で「集団自決」の犠牲者の約二倍以上の住民たちが米軍に保護されており、山中で逃げ回っていた住民はさらに多い。

沖縄本島についてみると、米軍上陸から数日内に読谷を中心にいくつかの地点で「集団自決」がおきているが、それらの死者は百数十人ほどと推定される。米軍記録によると、米軍が保護した民間人は四月三日には五五〇二人、六日に一万人を超えて一万二六六一人、二二日には一〇万三三五人となっている。その後、中部戦線で日本軍主力と激戦が続くので、その人数の増え方は少ないが、日本軍の戦線が崩壊する六月中旬以降、急増し、六月末時点で二八万五二七二人にのぼった（10th Army, G2 Report、林三三八―三三九頁）。

保護された民間人による米軍への攻撃・抵抗はほとんどなかった。米軍政報告によると、一九四六年六月末までの一五か月間に、占領軍のメンバーに対して暴行を企てた事件はたった一件にすぎず、サボタージュやスパイ行為、反逆行為はまったくなかったとされている。民間人たちは「素朴」「従順で協力的」であり、その抵抗を恐れていた米軍にとっては安堵できる状況だった（林三五三―三五四頁）。

徹底的に皇民化され、軍国主義思想に染まっていれば、こういう状況にはならなかっただろう。もちろん、そうした人たちは、米軍に捕まらないように「自決」をしたか、山中を逃げ回っていたと言えるかもしれない。あるいはなってはならない捕虜になってしまっ

図14　米軍に捕えられた人々（上，読谷か北谷あたりか，4月1日撮影．下，伊江島，4月30日撮影．ともに沖縄県公文書館提供）

たことによって虚脱状態になり、抵抗する意思も生まれなかったのかもしれない。しかしこうしたことから、「集団自決」をしなかった人々が実にたくさんいることは確認できるだろう。次に慶良間列島のような離島で米軍が上陸してきたとき、人々がどのように行動したのかを見てみよう。

沖縄本島周辺の島々

慶良間列島のなかでも「集団自決」がおきなかった島々がある。

渡嘉敷島の東にある前島《まえじま》では、渡嘉敷島から来た日本軍に対して、島の国民学校分校長が、自分が責任をもって島民を預かると約束し、日本軍には引き取ってもらった。そして米軍が上陸してくると、島民をまとめて集団で投降して、島民からは犠牲は出なかった。分校長をしていた比嘉儀清さんは元上等兵であり、また元警察官でもあった。彼は「上海事変に従軍した経験からいっても、兵隊がいなければ相手方の兵隊は危害を加えないものだという信念を持っていた。だから日本兵が前島に出入りするのが一番こわかった」と考えた。彼は島民に「どんなことがあっても生きのびよ、と教えていた」という（榊原昭二、一四二―一五〇頁）。

座間味島西方の屋嘉比島《やかび》には銅を採掘していたラサ工業慶良鉱業所があり、従業員とその家族が住んでいたが、日本軍はいなかった。米軍の艦砲射撃が始まってから坑内に避難したなかで、ダイナマイトを爆発させて一家族五人が「自決」し、おそらくその爆風で四人が巻き添えになったようであり、あわせて九人が亡くなったが、残りの五〇〇人以上の人々は所長の判断で米軍に投降して助かった（座間味下一七〇―一八三頁）。日本軍がいなかったため、一つの個別の「自決」がなされただけにとどまり、集団投降が可能になったと言えるだろう。

沖縄本島の東海岸に勝連《かつれん》半島（現在は与勝《よかつ》半島と呼ばれている）があり、その先にいくつかの島々が連なっている。現在では海中道路や橋によってつながっている。その中の浜比《はまひ》嘉《が》島では、移民帰りの老人が米軍と話をして住民はまとまって投降している（沖縄県史10・八八九頁）。

平安座《へんざ》島の警防団長は移民帰りで英語ができたので、米軍と英語で交渉して集団で投降した（沖縄県史10・八四〇頁）。その警防団長は、米軍と一緒に隣の宮城《みやぎ》島に行って、人々に投降を呼びかけたので、宮城島の人々も無事に保護された。この宮城島では、日本軍がやってきて偽装大砲を作って行った。しかし島民たちは、こんなものがあると攻撃されるだけだからと言って破壊してしまった。そういう島だったから、隣島の警防団長の呼びかけに応じたのだった（沖縄県史10・八六一―八六九頁）。

一番先端にある伊計島《いけい》でも住民たちはまとまって米軍に保護された。この島では、島出身兵一五、六人が配備されていたが、本島に移動せよとの命令を受け、ようやく宮城島まで移動したところに米軍が上陸してきた。彼らはどうするか話し合ったが、自分たちが斬り込みをすると米軍を刺激して住民を巻き添えにするからと考え、武器を捨て伊計島に逃げ帰り、元の住民にもどった（沖縄県史10・八九一―八九五頁）。

こうしてこれらの島々では、米軍が上陸してきても、「集団自決」などおこらず、島民たちは米軍に投降し、保護されることになった。島出身兵若干名がいただけで、基本的に日本軍はいなかったので、特に危険なく米軍に保護されることができたのである。

慶良間列島の北方にある粟国島《あぐに》では、島の幹部の間で米軍が上陸してきたらどうするか、玉砕すべきという主張と、白旗を掲げて投降すべきだとの主張の間で激論があった。結局、六月九日に米軍が上陸してきたとき、上陸前の砲爆撃の犠牲が出たが、「集団自決」はおきなかった。日本軍がいなかったので、投降しようと公然と主張できたことが大きな要因だろう（沖縄県史10・六五七頁、六六三―六七二頁）。

慶良間列島西方の久米島《くめ》には、海軍通信隊約三〇人が山に陣地を構えていた。この通信隊長は非常に横暴だったため、島幹部から強い反発をかっていた。六月二六日に米軍が上陸してくるが、ここでは「集団自決」はおこらなかったものの、島民二〇人が日本軍に虐殺され、島幹部の何人もが日本軍から殺害の対象者とされて、かれらは日本軍から逃げ隠れしなければならなかった（沖縄県史10・七九七―八〇一頁、大田昌秀一九〇―一九八頁）。

沖縄本島の北にある伊平屋《いへや》島と伊是名《いぜな》島には、陸軍中野学校出身の特務機関員が教員として一名ずつ配置されていた。両島とも村幹部たちは、米軍がきたら白旗を掲げて降伏することをあらかじめ決めていた。特務機関員は住民に紛れて情報収集や後方撹乱をはかる任務を持っていたので、住民がみんな死んでしまうと困るからだろう。しかし特務機関員や流れ着いた敗残兵によってスパイ容疑での住民虐殺がおきている。ともに米軍が来たのは六月はじめである（沖縄県史10・五八八―六二二頁、石原昌家『虐殺の島』一〇八頁、仲田精昌『島の風景』）。

なお勝連半島の先の島々への米軍上陸は四月はじめであるが、粟国島以下の島々への上陸は六月になってからである。そのころには米軍は民間人を保護しているという情報がさまざまなルートで入ってきていたことも住民に与えた影響は大きい。

阿嘉島

ところで、慶良間列島で、座間味や渡嘉敷と同じような状況にあったにもかかわらず「集団自決」がおこらなかった島が阿嘉《あか》島である。この島にも三月二六日に米軍が上陸してきた。日本軍の通信小隊長は戦隊長の了解を得て二六日夜、斬り込みに先立ち、本島の軍司令部に「小学校児童に至るまで尽忠の精神を尽くし全員斬込みを敢行し、玉砕以て悠久の大義に生きんとす」という無線を打って無線機を破壊した（深沢敬次郎一〇九頁）。この島の日本軍にとっても、島民たちはすべて軍とともに玉砕することを当然のこととみなしていたことがわかる。

しかし、米軍は山の中まで追ってこずに、すぐに引き上げ、その後も海岸付近にしか来なかったことも幸いした。米軍は座間味を拠点として駐留したからである。ある少尉は米軍が上陸してくると朝鮮人軍夫を連れて白旗を掲げて投降し、さらに米軍側からスピーカーで軍や島民に投降を呼びかけた。その少尉は、日ごろから島民に対して、「国のために死んではいけない」、自分は敵が上陸したら逃げると公言していた（沖縄県史10・七〇七―七一四頁）。また整備中隊長だった鈴木大尉は、斬り込みに行く途中に出会った島民たちに「死を急いではいけません」と早まらないように説得していた（沖縄県退職教職員の会婦人部二三―六頁）。

ここでもあらかじめ手榴弾が日本軍によって配られており（國森康弘六六頁）、「集団自決」が起きてもおかしくない状況まで追いつめられていた。しかし山が比較的深く、米軍が奥まで入ってこなかったので、まだ逃げる余地が残されていたこと（あるいはそう思えたこと）、鈴木大尉のような言動をとった将校がいたこと、などいくつかの要素がからみあってなんとか「集団自決」が避けられたのではないかと思われる。

いくつかの島々を見ると、日本軍がいても、島民と対立したり、日本軍内部で矛盾があると、島民を死に追いやることはできなかった。軍人、特に将校から、死ぬな、あるいは死に急ぐなと言われれば、その影響は大きかったように思われる。

国民学校生（小学生）までも義勇隊として斬り込みに参加させたと当時の新聞で報道されたが、それは最後の無線連絡が根拠となっているようである。しかし実際にはその直前まで事態は進んでいたようだが、実行されなかった。先に紹介した鈴木大尉が反対したからだとも言われている（深沢一一〇頁）。

ただ阿嘉島を含めて慶良間列島では、米軍に保護された島民や、逃げようとした朝鮮人軍夫、日本兵に比べても圧倒的に貧しい食事しか与えられていなかったため、畑などから食糧をとって食べた朝鮮人軍夫が日本軍によって虐殺される事件が多数おきていることも忘れてはならない。

沖縄本島の各地の状況は『沖縄戦と民衆』でくわしく紹介しているのでここでは省略す

るが、全体として日本軍がいないところでは、米軍にすみやかに占領され、住民は集団で投降して助かったケースが多い。青年のなかには竹槍で戦うと息巻く者もいるが、大人たちがそれを抑えて、米軍の呼びかけに応じてガマから出て助かっている。その際には移民帰りが重要な役割を果たしたケースが多い。しかし日本軍がいるとそうした投降が許されなかった。そのため米軍の出てこいという呼びかけを拒否してガマにとどまり攻撃を受けて殺されるか、砲火の中を南部に逃げ、その逃避行のなかで多くの犠牲を出した。本島の場合、慶良間列島のような小さな離島とは異なって、まだ逃げ場があったので「集団自決」には至らないことが多かったと思われる。

追い込まれていく道

住民が犠牲にされた沖縄戦

沖縄作戦の準備

沖縄戦とはどのような戦いだったのか、かんたんに整理しておこう。

一九三一年の満州事変から三七年の日中全面戦争へと中国に対する侵略を広げた日本は、さらに四一年からはアジア太平洋戦争を開始して東南アジア・太平洋地域へと侵略を拡大し、当初は広範な地域を占領下に収めた。しかし連合軍の反攻の前にじりじりと押しもどされ、四四年七月にはサイパンなどマリアナ諸島を奪われ日本本土はB29の直接の空襲にさらされるようになった。さらに四四年一〇月には米軍はフィリピンに上陸した。この時点で戦争としては決着がついていたが日本は戦争をずるずると引き延ばした。アメリカは日本を降伏させるには本土上陸までせざるをえないと判断し、そのための中継補給の拠点として沖縄を占領することを考えた。そのことを予想していた日本も沖縄に約一〇万人の兵力を配置した。

沖縄戦とは、こうしたアジア太平洋戦争の最終盤、一九四五年三月末から六月末までの約三か月間、沖縄本島を中心に日米両軍の間で激しい戦闘がおこなわれ、最終的に米軍が沖縄本島とその周辺の島々を占領した戦いである。なおその後も散発的な戦闘は続き、沖縄の日本軍が正式に降伏調印式をおこなったのは九月七日であった。約五〇万人の沖縄住民が巻き込まれ、約一五万人が犠牲になった。ほかに軍夫（軍の労務者）や日本軍「慰安婦」として連行されてきた朝鮮人一万人以上（くわしい人数は不明）、本土出身の日本兵六万五〇〇〇人、米兵一万四〇〇〇人などあわせて二十数万人が犠牲になった。

日本本土で多数の住民を巻き込んだ地上戦としては沖縄戦が唯一の戦いだった。それまで朝鮮、中国、東南アジア、太平洋諸島など外地で侵略戦争を戦ってきた日本軍が、多数の自国民を抱えて戦い、民間人の犠牲が軍人を上回った戦闘だった。

日本軍の作戦計画を見ると、フィリピンの戦況が絶望的になった一九四五年一月大本営は「帝国陸海軍作戦計画大綱」を決定、本土決戦の準備を始めた。米軍はまず沖縄か台湾に来ることが予想されていたが、沖縄は「皇土」すなわち「本土」とは見なされず、本土決戦準備のための時間をかせぐ持久戦の場とされた。

沖縄戦に先立つ二月、元首相であり天皇の重臣であった近衛文麿は、敗戦は必至であるとして「速《すみやか》に戦争終結の方途を講ずべき」であると天皇に直接訴えたが、天皇は米軍を一度叩いてから有利な条件で戦争を終わらせるという考えを示して近衛の上奏を拒否した。有利な条件とは「国体」を護持することであり、言い換えれば天皇制を維持するために沖縄あるいは台湾で戦おうというものだった。沖縄戦は、もはや勝利の可能性がなくなった日本が、天皇制を残すために住民の犠牲をかえりみずにおこなった、捨石作戦だった。

日本軍は沖縄の人々を戦闘員あるいは労働力などとして徹底して利用しながらも信用しなかった。軍の作戦計画のなかには、沖縄の人々の生命や安全を守るという発想はまったくなかった。

沖縄戦の経過

沖縄戦の経過は時期を追って次のように区分できる。

1　一九四五年三月二三日〜三月三一日

沖縄本島への砲爆撃の開始と慶良間列島への上陸占領。

2　四月一日〜四月七日

米軍の本島上陸、米軍による本島南北分断。

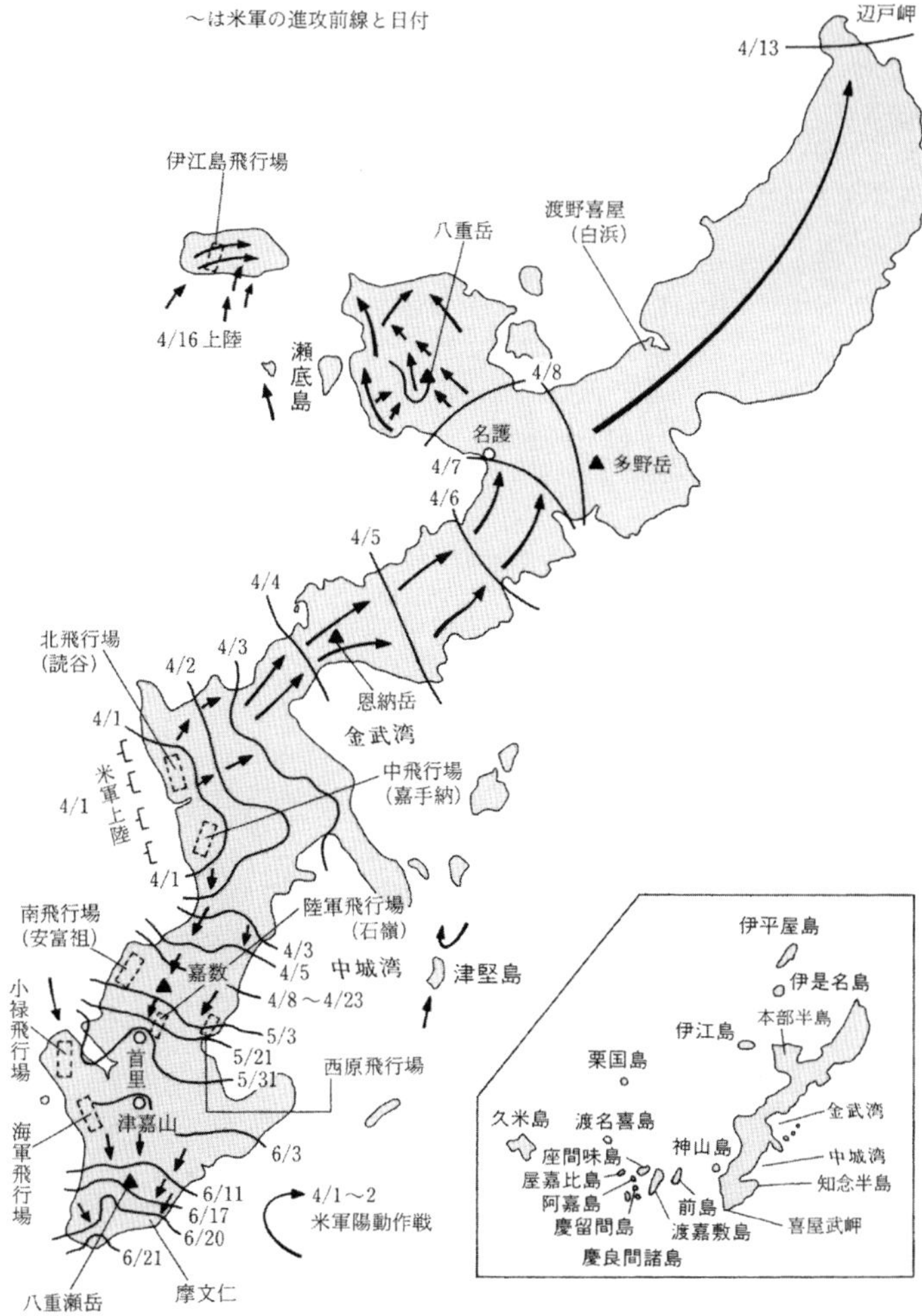

図15　沖縄戦の経過
（藤原彰『沖縄戦－国土が戦場になったとき』青木書店，2001年，73頁，を一部修正）

3―1　四月八日～二一日（北部・伊江島）
本部半島など北部（主に海岸線）占領、伊江島占領。日本軍は山中に。
3―2　四月八日～五月末
首里《しゅり》北方の中部戦線で日本軍主力と激戦、日本軍戦闘部隊の主力は壊滅。この段階で沖縄戦の帰趨は決定。
4　五月末～六月二二日
日本軍の南部撤退、米軍の一方的攻勢、日本軍の組織的抵抗終焉。
5　六月二三日～七月二日
米軍による掃討戦、米軍による沖縄作戦終了宣言。
6　七月三日～九月七日
米軍による占領と敗残兵の掃討、沖縄守備軍の降伏調印式。

日本軍は戦闘部隊の主力を首里の北方から本島南部に集めて、そこで持久戦をおこなうことにしていた。そのため米軍上陸地点である読谷・北谷海岸にはほとんど兵力をおかなかったために米軍はほとんど抵抗なく上陸を果たし、一気に本島を横断した。北部の本部半島と伊江島には若干の部隊を配置したが、四月二一日までには米軍はそれらの地域をほぼ占領した。ただ敗れた日本軍は山中に逃げ込み、そこで住民に対して食糧強奪や住民虐殺などさまざまな残虐行為を働くことになる。

上陸後、南下してきた米軍は四月八日、宜野湾の日本軍の主力陣地とぶつかり、その後、わずか数キロをめぐって一か月半にわたる激しい攻防戦が繰り広げられることになった。もはや日本軍の主力は壊滅し首里の守備軍司令部の陥落も時間の問題となった五月二二日、軍司令部は、あくまでも時間稼ぎをする方針を採用し本島南端にまで撤退し抵抗を続けることを決定した。

五月末、数日にわたって豪雨が続き、米軍の攻撃が緩んだ隙を突いて、日本軍は南部へ撤退していった。動けない数千人以上にも上ると見られる重傷患者は、青酸カリなどによって殺された。日本軍は捕虜になることを恥辱と考え、米軍に保護されることを拒んだからである。この考え方は民間人にも適用され、米軍に投降しようとする住民を背後から射殺したり、保護された住民を殺害するなどの残虐行為を各地でおこなった。

六月以降の戦いは、米軍による一方的な殺戮戦でしかなかった。日本軍の南部撤退によって、南部に避難していた多くの住民が戦闘に巻き込まれて犠牲になった。住民の犠牲の多数はこの南部撤退後に生じている。もし日本軍が首里にとどまっていたならば住民の多くは助かっていただろう。たとえば激戦地であった中部の浦添市（当時は浦添村）では住民の戦死者の五四％が南部撤退後に生じている（浦添5・三二六頁）。南部の糸満市では約七〇％になる（糸満下二九頁）。北部では長期化にともなう飢えやマラリアによる死者が多いので、戦闘が早く終わっていれば死者の多くは出ていなかったはずである。

住民犠牲のあり様

本土防衛・国体護持のための軍事戦略の下、軍の作戦が最優先され、住民の生命や安全が無視された沖縄戦の中で、沖縄の人々はどのようにして犠牲になったのだろうか。沖縄の住民がどのようにして犠牲にされたかについて、整理しておこう（石原昌家「沖縄戦における住民犠牲の態様とその類型表」〈伊江一―一三頁〉を参照して、筆者が簡潔にまとめたものである）。

① 捨石にされた沖縄と沖縄住民

すでに説明したように沖縄戦そのものが、本土防衛、国体護持（天皇制維持）のための捨石作戦であった。少しでも役に立つ住民は戦闘員や労働力として徹底して動員し、食糧などの調達も軍を優先した。軍の作戦においても沖縄の住民の生命や安全を守ろうとする意図はなかった。

② 住民無視の南部撤退

第三二軍司令部の南部撤退は、本土決戦準備の時間稼ぎのためであった。その結果、南部に避難していた住民を巻き添えにし、多大の犠牲を出した。沖縄戦における住民の戦没者の半数以上、あるいは三分の二以上は、南部撤退後に生じている。さらに牛島満軍司令官は、六月一九日に「最後迄敢闘せよ」との命令を出して、二二日自らは自決した（二三日とされてきたが、最近の研究では二二日の説が有力）。そのため、日本軍は組織的に降伏する機会を失い、戦闘が継続し住民被害は継続した。

③　日本軍による住民殺害（直接日本軍が手をくだしたケース）

沖縄各地で日本軍による住民殺害が頻発した。食糧提供や壕（ガマ）の提供を渋った者、軍民雑居の壕内で泣く乳幼児（日本兵に強制されて乳幼児を肉親が殺害した場合も）、米軍に投降しようとした者や米軍に保護された者、山中などの避難民に投降を呼びかけた者、米軍から食糧をもらった者、日本兵からの尋問に答えられなかった聾唖者・精神錯乱者など、さまざまな理由で日本軍による住民虐殺がおこなわれた。その多くはスパイなどという名目で処刑された。

日本軍の組織的な行為である場合と、個々の将兵による非行の場合の両方があるが、いずれの場合も住民のことよりも軍（軍人）の利害を優先する軍の体質の現れと言ってよい。

④　日本軍による間接的な住民殺害（日本軍によって死に追いやられたケース）

壕（ガマ）から追い出されたり、投降を許されないために逃げ惑う中を米軍の砲爆撃で死亡した者、軍民混在で壕内に隠れている所に米軍が出て来いと呼びかけるが日本軍は投降を拒否、そのため攻撃を受けて死亡した者、軍はいなくて住民だけだったが捕まることへの恐怖から出て行かなくて攻撃され死亡した者、軍による強制退去や食糧強奪のための栄養失調死、マラリア死、などが挙げられる。「集団自決」もこのなかの一つと言えるだろう。これらのいくつかは直接的には米軍の攻撃による犠牲者ではあるが、日本軍の迫害行為がきっかけとなったものであり、日本軍による強制死、あるいは間接的に日本軍に殺されたケースということができるものが多い。こうした犠牲者はきわめて多いと推定される。

米軍が上陸しなかった宮古八重山諸島でも多くの住民が日本軍によって強制労働や強制疎開をさせられ、飢えやマラリアによって多くの犠牲を出した。人口三万人あまりの八重山では三六〇〇人あまりが犠牲になった。特に波照間《はてるま》島は島民全員が強制的に石垣島のマラリア地帯に移住させられ、一二七五人中四六一人が死亡した。強制移住の理由の一つは家畜をすべて軍の食糧にするためだったと見られており、しかもわざわざマラリアの多い地帯に強制疎開させられている。宮古島にいた日本軍が本土に送った電報によると、住民が飢えで苦しんでいるときにも日本軍は六か月分の食糧を蓄えていたことがわかっている（林博史「暗号史料にみる沖縄戦の諸相」一〇頁）。

ここで、日本軍による住民虐殺、米軍攻撃による死、「集団自決」、の三つの住民犠牲の関係について考えてみよう。

日本軍によって強いられた死

日本軍と住民が避難している壕（ガマ）に米軍が来ると、米軍は通訳などを通じて、出てこい、出てくれば命を助けると呼びかけた。もしその呼びかけに応じて投降しようとすると日本軍によって殺された。あるいは子どもが泣くと日本兵に殺された。いったん米軍に保護されたり食糧をもらった者が日本軍に殺された例も多い。

出てこいという米軍の呼びかけに応じなければ、米軍はガマを爆雷やガソリンを流したうえで火をつけ、ガマを潰《つぶ》していき、それによって殺されてしまった。住民だけでも外に出して命を救おうとするような発想は日本軍にはまったくなかった。米軍に殺されたという形になるが、事実上は日本軍によって死を強いられた、あるいは死に追いやられたケースである。

米軍に追い詰められ逃げ場がない状況で、手榴弾など死の道具が住民に渡されている場合には、米軍の攻撃を受けようとする時、あるいは受けている下で「集団自決」あるいは個々の「自決」がおこなわれることがあった。

これら三つの犠牲のあり方は、民間人であっても捕虜にはさせないという日本軍の考え方が大きな一因になっており、いずれも日本軍によって死に追いやられた、あるいは死を強いられた「強制死」とでも言うべきケースである。④で挙げたケースもいずれも同様である。このようなさまざまな方法で住民は、日本軍によって死に追いやられたのである。「集団自決」は孤立した出来事ではなく、こうした日本軍による住民犠牲の一つだったのである。

自由の抑圧と監視

自由の抑圧と監視体制

「集団自決」があたかも住民の自発的な意思に基づくものであるかのように主張する議論がある。しかし思想言論の自由やそれに基づく行動の自由がある程度保障されている現在の日本社会の感覚で理解することはできない。たとえば、言論の自由がない独裁国家において独裁者に殉じる行動があったとしても、それは自発的な選択とは評価されず、洗脳された結果だとしか見なされないだろう。反対の選択肢を選ぶ言論と行動の自由がないところでの「選択」は、自由な選択とは言えない。

人々を「集団自決」に追い込むような社会とはどのようなものだったのか。それを理解するためには、その前提となる当時の日本国家とその社会のあり方、特に戦時動員体制下の社会のイメージをつかむ必要がある。

大日本帝国憲法、いわゆる明治憲法の下で、国民の自由や人権は、今日の自由民主主義諸国で認められているような基本的人権ではなかった。天皇によって与えられた「臣民の権利」でしかなく、国家権力によって自由に制限されるものだった。大正デモクラシー期にやや自由が拡大したものの、一九二五年に制定された治安維持法を頂点とする弾圧法規によって、国民の自由は著しく制限された。新聞や出版物は検閲を受けて自由な言論が規制され、労働運動や農民運動をはじめ社会運動にも厳しい統制がかけられた。共産党は非合法で厳しい弾圧を受けただけでなく、警察に睨まれた社会運動に関わった人々は明確な理由もなく逮捕され拷問をうけ、その拷問によって殺された人も少なくなかった。

沖縄は、あまり工場がなかったので労働組合運動やストライキも少なく、他方、本土のような地主―小作制もほとんどなかったので、農民運動といえるものはほとんどなかった。しかし本土による沖縄差別や極度の貧困などの沖縄がかかえる矛盾に対して疑問を持ち、社会主義思想など日本の国家体制に批判的な思想は広がりをみせ、教員の中にも現実の問題を見つめた教育実践をおこなおうとする人々も少なくなかった。しかしそうした教員は、一九二〇年代の末から三〇年代にかけて弾圧の対象となり、警察に検挙されたり教員から追放された。

警察資料によると、一九三二年一一月末までに全国で検挙された教員五九五名中、沖縄は五六名を占め、人数では東京、岩手についで三番目に多かった。その直後に長野県で教員に対する大弾圧があるので四番目になるが、県の人口比で見ると長野についで二番目に多かった。差別と貧困の現実を直視し、そこから教育のあり方を考えようとする教員は徹底的に弾圧排除されていったのである（林二九四―二九九頁）。

ただ弾圧と締め付けのために表には出せないが、良心を秘めていた教員が残っていたことも事実である。高等女学校などで軍や県、学校が女子生徒たちを看護婦として動員しようとしていたときに、その動員に反対したり、生徒たちに早く疎開するようにこっそりと働きかけた教員が何人もいたのである。

一九三七年の日中戦争の開始以降、その弾圧と統制は極端化し、四〇年の大政翼賛会の成立に際して、すべての政党は解散させられ、労働組合もすべて解散させられた。国家権力から距離をおいた自主的な組織・団体は許されなかった。

四〇年からは日本全国の都市部には町内会、農村部には部落会、その下には隣保班《りんぽはん》・隣《となり》組《ぐみ》なども整備されて、人々は行政の末端に組み入れられ管理されることになった。人々の動員や物資の供出、さまざまな通達や宣伝など国家の意思が一軒一軒にまで徹底された。また隣組などを通じて住民相互を監視させて、国家への批判や不満を密告させ、警察が非協力者を検挙するなど弾圧を手助けする機関ともなった。戦争が長期化し物資が不足してくると食糧などが配給制になるが、これが町内会・部落会を通しておこなわれたため、国家の戦争体制に協力しない者には最低限の食糧さえも行きわたらないことになり、否応なしに戦争に協力させられた。

さらに情報統制された新聞や出版物、学校教育や役場からの宣伝によって、国家権力が操作した特定の方向性をもった情報だけが――明らかなウソを含めて――人々を戦争に駆り立てるために流された。特に沖縄の場合、本土からは離れた島であり、外部との航行が制限されると、情報は、役場・学校からのものに頼らざるを得なくなった（後に軍もこれに追加される）。

一九三〇年代はじめごろまでは、沖縄でも大正デモクラシーやさまざまな社会運動・思想の影響が入ってきていたが、三〇年代を通じて、そうした思想・運動は徹底的に弾圧されていった。日中戦争が本格化した三七年ごろから沖縄戦にいたる時期に小学校や中学校・実業学校・高等女学校・師範学校（後の四つは、現在の中学から高校の年齢層）で教育を受けた世代は、軍国主義教育・皇民化教育を徹底して受けた。国家に都合の悪い情報が遮断されたなかで教育されたこの世代（特に中等教育を受けた人たち）は、最も純粋にそうした教育・宣伝を信じていた人々でもある。

ただ上の世代のなかには、政府や軍を批判すると身に危険があるので表向きは抑えているが、内心では批判的な考えを持っていた人たちも少なくなかった。そのなかにはアメリカ大陸などへの移民から帰ってきた人たちもいた。海外での生活経験から、アメリカ人やその社会について知っており、アメリカにはとても勝てないと思っているなど、国家の宣伝をそのままでは信じることができなかったからである。

図16　奉安殿
（天皇御真影と教育勅語を安置した場所．沖縄市美里）

日中戦争の開戦直後の一

九三七年八月に軍機保護法（一八九九年制定）が改正され、「軍事上の秘密」を保護するという名目で市民への弾圧が一気に強化された。さらに一九四一年三月には国防保安法が制定され、「国防上外国に対し秘匿を要する外交、財政、経済その他に関する重要なる国務に係る事項」が「国家機密」とされて、これを知得、収集、漏洩した者を罰することとされた。しかし「軍事機密」「国家機密」とは何かということ自体が機密とされ、市民にとっては何をしゃべれば犯罪になるのかさえもわからないままに弾圧を受けることになる（纐纈厚『防諜政策と民衆』参照）。警察はこのころから「防諜警察を大きな重点項目」にするようになり、住民への監視取締りを一層強化した（『沖縄県警察史』第二巻、四七〇頁）。

軍機保護法などによる弾圧

軍機保護法による弾圧の例を紹介すると、一九四二年一月一〇日那覇市公会堂で翼賛壮年団大会が開催され、約三五〇人の団員を前に、陸軍軍曹として満州事変に参戦し、その後准尉となって予備役に編入されていた元那覇飛行場長が演説をおこなった。そのなかで彼は「第一線将兵の決死的決意を了知し、団結を強固にして翼賛の実を挙げる」ことを期待して、その日の朝、那覇飛行場から航空機三〇機が落下傘部隊を乗せて飛び立ち、南方に向かったことを紹介した。この予備役准尉は、検挙され、那覇地裁は軍機保護法違反で懲役二年、執行猶予三年の刑に処した

（内務省警保局外事課『外事月報』昭和一七年一月分、六三―六四頁、内務省警保局『昭和一七年中に於ける外事警察概況』七〇三頁）。

那覇飛行場（現在の那覇空港の前身）は海軍の所管であったが、同年九月飛行場の写真を撮った、無線工員であった陸軍軍属が軍機保護法違反で検挙され、憲兵隊に移送されている（『外事月報』昭和一七年一〇月分、六五頁）。

沖縄以外のケースで、沖縄と同じような状況下でおきたことを紹介すると、たとえば福井県若狭湾岸にある高浜町で、一九四一年一二月一〇日、漁業組合事務所で組合幹部が船舶航行禁止区域拡張の件について話し合っていた。そこにやってきた巡査の質問に答えて、ある出席者が、若狭湾内のある島に軍事施設の工事が着工されたため航行禁止区域になっていることを説明した。しかしこのことが軍事秘密を他人に漏洩したとされ、軍機保護法違反で懲役六か月の判決が下され、大審院でも確定した（『思想月報』昭和一七年四月分、一九五―二〇一頁）。

四二年四月一四日、高知県で建設中の海軍飛行場の工事に従事していた人物は、定期バスのなかで知人に「三島村の海軍飛行場」の「工事が長引いて仕事はあるが仲々進まぬから、三年位せぬと仕上りにはならぬ」などと語ったことで検挙され、懲役六か月、執行猶予三年に処せられた(『昭和一七年中に於ける外事警察概況』七一二頁)。

沖縄以外の県のケースであっても、日本軍の陣地や飛行場建設に住民が動員され、漁業も軍事機密保護のために大幅に制約されていた沖縄の状況と共通するものがある。それ以上に、米軍上陸を控えた沖縄の方がはるかに厳しい監視下に置かれていたと言ってよいだろう。

ほかの弾圧法規も適用されている。たとえば一九四二年六月一九日、那覇市に住むある男性が、知り合いの家で、慶良間列島の久場《くば》島の向い沖で先島航路(宮古八重山への航路)の慶雲丸がやられたそうですね、と語ったことが流言飛語をなしたとして、その話を聞いた者と二人が、刑法や言論・出版・集会・結社等臨時取締法などへの違反を問われ、禁固三年執行猶予二年に処せられている(『外事月報』昭和一七年八月分、九六頁)。

石垣島のある教員は、四四年一〇月か一一月、おそらく十・十空襲の後のことと思われるが、飛行機の音に「これも敵機かなあ」と言ったところ、憲兵に連行され「教員たる者がデマを吐くか、お前はスパイだ、売国奴だ、お前のような非国民は切り殺していい」と留置場に約一週間入れられ、ようやく始末書を書いて釈放された(沖縄師範学校龍潭同窓会二五六―二五七頁)。

沖縄以外のケースを紹介しておくと、沖縄戦の最中の時期では、四五年五月一九日、埼玉県の隣組常会の席上、「日本は益々《ますます》物資がつまって戦争に負ける　日本は飛行場の滑走路が土だから雨の日は飛べないのだ」と話した人物が憲兵によって取り調べられている。同じ日、千葉県の隣組の集まりで、「此の大東亜戦争は日本が負けになる　其の時は男も女も敵の自由になるそうだ」と話した人物が警察の取調べを受けている（明石博隆三三五頁）。これらは「流言飛語」とみなされたようだが、近所の人々との話も密告されていたようだ。

天皇を非難することはさらに罪が重かった。四〇年一月二九日、北海道の銭湯で「こんな世の中になったのもあの天皇の為だ、あんなもの五、六人行って叩き殺せば楽になるかも知れぬ」と話したことで不敬罪に問われた七三歳の男は懲役六か月に処せられた（明石一六二頁）。

四三年六月二七日、徳島県の映画館でニュース映画を鑑賞中、「皇后陛下別嬪《べつぴん》でないでないか云々」と話したために不敬罪で検挙され、送致された。同年五月二七日、隣組常会で「遥拝《ようはい》々々て何処《どこ》へするんなら、そんなに言うたって天皇陛下は今頃云々」としゃべったことで不敬罪として検挙され、懲役八か月となった（明石二八五頁）。

個人の日記まで摘発された。鹿児島市の国民学校訓導は、自分の日記に「天皇くそくらへ」などと「不敬文字」をくりかえし書いていたことで四四年一月に検挙され、「被害妄想的精神障害」として起訴はされなかったようだが、学校は罷免された（『特高月報』昭和一九年二月分、一七頁）。

ちょっとした民衆の不満さえも「反戦、反軍思想」「不敬言動」として弾圧された。こうした発言すべてが摘発されたわけではないが、いくつかの弾圧例は人々の間で口コミで広がり、親戚・知人・隣近所の間でもうかつなことは言えないという自己規制を強いることになる。その意味では見せしめ的な効果は大きい。

戦時体制とは、こういう社会だったのである。すでに反戦運動は徹底して弾圧されており、反戦とは言えない、単なる不満の表出さえも徹底して弾圧の対象とされた。ここに紹介した事例を見ても、スパイ・密告網が生活の隅々にまで張り巡らされていることがわかる。船やバス、銭湯、映画館での会話が警察に知られたのは、誰かが密告したからだろう（上田誠吉『戦争と国家秘密法』参照）。

こうして逮捕されると警察による拷問がなされ、本人にも家族にも深い傷を与えた。警察による拷問で死んだ人も少なくない。さらにこれが沖縄戦のなかでは拷問だけではすまなかった。沖縄戦の最中、独立歩兵第一二大隊に入隊したある沖縄出身兵は、首里から津嘉山へ移動、つまり南部に撤退する途中、「兵隊さんはどこに下がるんですか」と聞いた沖縄人を「兵隊の一人が返事もせずにいきなり軍刀を抜いて背中から斬り捨てたのです。声も立てずにいっぺんにやられてしまいました。斬ったあとに戦闘下で若い者が武器も持っていないからこれはスパイだと言うのです」という体験を語っている（上勢頭《かみせいど》四二一頁）。軍事機密を探ろうとしたとして問答無用で殺されたのである。

こうした社会で人々の自由意志による選択が可能だったなどと言うことができるのだろうか。軍の意思に反する言動は命がけだったのである。

沖縄における戦時体制

総動員体制作り

　陸軍は、すべての道府県に郷土部隊をおき、地元で徴集された兵士で歩兵部隊を構成していたが、沖縄には郷土部隊は置かれなかった。沖縄で徴集された兵士は九州の各県の部隊に分れて配備された。沖縄には徴兵業務をつかさどる沖縄連隊区司令部があっただけで戦闘部隊はいなかった。小禄《おろく》に海軍の飛行場（現在の那覇空港）があるだけで、ようやく太平洋戦争開始直前の一九四一年に沖縄本島の中城《なかぐすく》湾と西表《いりおもて》島の船浮《ふなうき》に要塞が作られたが、沖縄の人々にとって軍隊は身近にはなかった。

　しかし軍のいない沖縄でも、特に一九三七年の日中戦争開始後は戦時体制作りが行政の手によって急速に進められた。同年一〇月には東京で国民精神総動員中央連盟が結成されて、国民精神総動員運動が開始された。沖縄県でも時局宣伝や貯蓄奨励、自由主義個人主義の排撃などが講演会、懇談会、映画会などを通じて広められた。さらに標準語の使用奨励、日本風に名前を変える改姓改名、琉球相撲や村芝居の禁止、洗骨の廃止と火葬場設置、神社建設、ユタ取締りなどがおこなわれていった。一九四〇年はじめから有名な方言論争がおきるが、県当局は沖縄口（ウチナーグチ）を抑圧し標準語の強要を進めた。

一九三九年一月に公布された警防団令に基づいて各地で警防団の組織化が始まり、沖縄県でも八月時点では市町村ごとに五七の警防団、団員一万二〇八七人が組織された（『沖縄県警察史』五二五―五四〇頁）。大政翼賛会の沖縄県支部は四〇年一二月に結成され、知事が支部長を兼ねた。翼賛会の下に大日本翼賛壮年団（翼壮）が結成された。

四〇年九月に内務省が「部落会、町内会等整備要領」を制定すると沖縄県でもただちにその整備に着手した。四三年四月時点で沖縄県下の二市五五町村に八一〇の部落会町内会が組織され、さらにその下に計一万一一八三の隣保班が組織されていた。平均すると五、六〇人が一つの隣保班に組織されていた（久手堅憲俊一二一頁）。

米の多くを本土や台湾からの移入に頼っていた沖縄では一九四〇年四月から米の配給制が開始された。本土では大都市でも四一年四月からなので一年も早かった。この配給を隣組が取仕切ったのである。さらに住民を相互に監視させ、疑わしい者を警察に密告させるのもこの隣組の役割だった。

沖縄では字《あざ》（区ともいう）がかつての村にあたり、その統制力は強かったが、それを利用して住民を動員し、あるいは相互に監視させて戦争に動員していったのである。こうして行政を通じて住民の組織化がなされ、住民相互を監視牽制させながら動員していく態勢が作られていった。

行政とともに大きな役割を果たしたのがマスメディアだった。住民を戦争に駆り立てるために、天皇のために死ぬことが名誉であるという意識を人々に叩き込むうえで利用されたのが「軍神大枡《おおます》」だった。沖縄県与那国《よなぐに》出身の大枡松市陸軍中尉は四三年一月にガダルカナルで戦死するが、一〇月に陸軍省が大枡の勲功を発表したのを機に、沖縄の各新聞はこれを大々的に取り上げ、「大枡中尉顕彰運動」が組織され、「軍神大枡」に続けと、キャンペーンがはられた。教育を担当していた県学務課は「死ねる教育」を打ち出し（『朝日新聞　沖縄版』一九四四年一月一日）、『沖縄新報』は「大枡精神は体当りの精神であり、所謂《いわゆる》特攻精神である」、「死ぬことによって不滅の勝利を確信するの精神」だと煽りたてた（四五年一月一四日）。彼は県立一中の卒業生だったので学徒たちを動員するうえで格好の材料となった（保坂廣志『戦争動員とジャーナリズム』参照）。

沖縄には『琉球新報』『沖縄朝日新聞』『沖縄日報』の三つの新聞があったが県警察部が統合を働きかけ、一九四〇年一二月『沖縄新報』に統合され、言論は完全にコントロールされていた。

沖縄のなかで沖縄口追放・共通語の励行、洗骨やユタ、沖縄風の姓名のような沖縄独自の慣習や文化を排除し、日本の戦争に積極的にのめりこんでいこうとした背景には、本土からの沖縄差別に対して、沖縄的なものを排除し本土（ヤマト）に同化することによって差別から逃れようとする意識が働いていた。それがさらに天皇のために死ねる人間＝皇民になることによって名誉ある大日本帝国臣民＝日本人になろうとするところまで行き着いたのが、戦時体制であった。そうした政策・教育が皇民化政策・教育であった。

戦時体制以前の同化志向が差別から逃れ、自らの成功を求めるものであったので個人的な利益とも両立するものだったのに対して、皇民化は自らの滅亡を意味する死という帰結となる。同化と皇民化は重なる部分も多いが、同化から皇民化へは大きな飛躍が必要だった。だからこそ軍や行政当局は必死になって皇民化政策を推し進め、皇民化思想を住民にたたきこもうとしたのである。ただ彼らが必死になって皇民化政策・教育をおこなおうとしたことは、沖縄の人々がまだ皇民化されきっていないことの表れでもあり、同時に完全に皇民化することの困難さの表現でもあった（『沖縄戦研究』Ⅰ・Ⅱ所収の諸論文、荒川章二「国民精神総動員と大政翼賛会」など参照）。

第三二軍の創設と飛行場建設

このように行政・教育による戦時体制作りが進められるが、そうしたところに一九四四年三月二二日、台湾軍とともに第三二軍が創設された。その一か月ほど前にトラック諸島が米機動部隊の空襲をうけて大きな被害を出した。そのために大本営は急遽、本土や沖縄、台湾方面の防衛を強化することを決定したのが直接の理由だった。第三二軍は、北は屋久島南方のトカラ列島から、南は波照間島、東は大東島から西は与那国島までの南西諸島の防衛を担当することとなった。

第三二軍は当面、飛行場の設営とその警備にあたる任務が与えられ、飛行場建設にあたる部隊が次々と沖縄に到着した。それまでは沖縄の国場組が建設を請け負っていたが、軍による直接の建設作業が本格化した。五月からは住民を徴用し、勤労奉仕隊を組織して、大量の住民の労務動員がおこなわれていった。動員された住民は「一日平均約五万人」とも言われている（第三二軍「史実資料」沖縄37）。こうして日本軍が沖縄（宮古八重山を含む）に建設した飛行場は最終的には一五か所になった。

戦闘部隊の沖縄配備を見ると、七月はじめに独立混成第一五連隊が送りこまれた後、八月以降、第九師団、第二四師団、第六二師団が沖縄本島に、第二八師団が宮古に到着し、地上戦闘部隊もそろった。軍司令部の人事も一新され、軍司令官牛島満中将、軍参謀長長《ちょう》勇《いさむ》中将が着任し、沖縄戦を戦った陣容がそろった。

住民の戦闘員化

一〇万人とも推定される日本軍が、一挙にやってきて、学校など公共施設や比較的立派な家を宿泊施設などとして接収し、それだけでも足りずに民家にも分宿するようになった。飛行場や陣地建設のために大量の男女住民が勤労動員に駆り出されただけでなく、日本軍将兵のための食糧の供出が求められた。

後で詳しく述べるが、軍の命令は行政機関を通して実施されるシステムになっていた。ただ勤労動員も度重なると軍が求める人数がそろわなくなり、食糧の供出もただでさえ貧しい沖縄では軍の要求通りには出せなかった。そうすると日本軍は、徴用や供出を末端でまとめている字の区長らのところに直接出向き、「軍命」だ、「命令は天皇陛下のお言葉」だ、などと脅し、軍刀を振りかざしたり、実際に区長を殴って、人や物を無理やり出させることをするようになった（本部町『町民の戦時体験記』二三五頁、浦添5・三四頁、林四八―六一頁）。「軍命」というのは軍人たちが住民に要求を突きつけるときにしばしば使われたものだった。

ほかにも軍人が農作物を荒らしたり、ブタやにわとりをとって食べたり、農具などの物品を勝手に持ち出す、性的非行などこうした軍による横暴な振る舞いが、軍に対する不信を広げることになった。

労働力としての徴用だけでなく、住民の戦闘への軍事動員準備も進められた。その実態がわかる史料として伊江島守備隊が四四年八月一一日と二七日におこなった「軍官民合同警備演習」がある（沖縄143）。

二七日の第二回目を紹介すると、演習の統裁官は独立混成第一五連隊連隊長の美田大佐で、民間側からは村長、助役、警察官、在郷軍人会分会長、青年学校長、同全教員、警防団長、国民学校長、農業会長が補助官として参加した。この演習は、敵が飛行場などを数次にわたって空襲をくりかえし、さらに艦砲射撃も実施、その後、伊江島西海岸より上陸、また敵の一部は東海岸からも上陸したという事態を想定した訓練だった。白軍が敵、青軍が味方とされ、青軍には、中尉の指揮下に青年学校男子生徒、軍医と炊事係下士官の指揮下に女子生徒が入り、さらに防衛隊と警防団も参加した。一般民衆は防空壕に退避し、そこから各隣組から二組以上の挺身奇襲を実施することとされた。

防衛隊、警防団、青年学校生徒たちは村落内に入ってきた敵を挺身奇襲する役割を与えられた。だが与えられた武器は竹槍だけのようである。国民学校以下の子どもと高齢者を除いてほとんどすべての男子は戦闘要員として動員され、さらにその他の「一般民衆」からも挺身奇襲部隊を出すことになっていた。ここには多くの女性も加わらざるを得なかっただろう。竹槍を使えるような住民、足腰の立つ住民は根こそぎ、戦闘要員として挺身奇襲、斬り込みに参加させようとする意図であったと言ってよい。

このように伊江島では軍人として召集した者だけでなく住民全体を軍の戦闘態勢に組み込む準備がなされていた。沖縄各地でもそうした住民の戦闘員化が図られたが、伊江島は沖縄のなかでも住民の戦闘員化が最も進んでいたと見られる。

沖縄の各地で女性を含む一般住民や小学生などにも竹槍訓練がおこなわれた。沖縄戦が始まった四五年四月一四日、本部半島にいた独立速射砲第三大隊は「対空挺戦備促進要領」を策定しているが、そのなかで「地方住民と雖《いえど》も敵の降下兵に対しては其の着地の瞬間に於て之を殺す如く常に覚悟し準備あらしむる如く指導　尚監視連絡等に協力せしむるものとす」とある（沖縄169）。一般住民も徹底して戦闘員にされて軍人と同様に扱うということが当然のようになっていたのである。

住民の動員、戦闘員化を進めると同時に、住民をスパイ視し、監視する動きも強められた。第三二軍司令部は四四年一一月一八日に「報道宣伝　防諜等に関する県民指導要綱」を策定している（本部1・一〇一六頁以下）。

住民のスパイ視と監視体制

この要綱は「六十万県民の総決起を促し総力戦態勢への移行を急速に推進し軍官民共生共死の一体化を具現し如何なる難局に遭遇するも毅然として必勝道に邁進するに至らしむ」ことを「方針」としたもので、その中の一つの重点が「常に民側の真相特に其の思想動向を判断し我が報道宣伝の効果、敵側諜報宣伝、謀略の企図及び内容の探査等敵策動に関する情報収集に努め敵の諜報、謀略並に宣伝行為の封殺に遺憾なからしむ」というように、住民の思想動向を調査し敵のスパイ活動を封殺することであった。そのために軍は県当局とも密接に連絡して「管内民情」を調べ、「各町村の保甲制度化」によって「行動不審者発見」「防諜違反者の取締」を強化することなどが企図された。

なお全国的にはすでに四四年一〇月四日に内務省が「総動員警備要綱」に基づく「内務省総動員警備計画」を策定しており、そのなかで「流言蜚語の取締に付ては流言蜚語発生の素因に対する内偵警戒を厳にし町内会、部落会等に対し流言蜚語の原因となる虞《おそれ》ある電話、書信の防止其の他必要なる指導の徹底を図り之が未然防止に努むると共に流言蜚語の発生したる場合は早期に之を発見鎮滅し其の伝播を防止すべし」（第二十三条）、「（前略）反戦、反軍其の他不穏策動を為す虞ある者の発見に努め必要に応じ予防検束」をおこなう（第二十四条）など国民の反戦反軍的な言動の取締り強化に乗り出していた（本部1・一〇二〇―一〇二九頁）。第三二軍はそうした内務省の方針をうけた県当局と協力して、住民をスパイ視し取り締まろうとしていた。

流言蜚語の取り締りの例としては、四四年一一月のなかごろから国頭《くにがみ》の名護《なご》町周辺で「独ソ停戦協定成立せり」という流言が流れ、名護憲兵隊が名護町収入役ほか四名を検挙した例がある（第三二軍陣中日誌一二月一五日、沖縄40）。この独ソ停戦という噂が広がって「民家に於てお祝ひ気分で一杯」あげた者もあったと憲兵隊は各部隊に注意を促している（一一月二六日駐屯地会報、沖縄368）。早く戦争が終ってほしいという願い自体が許されないものだった。

住民をスパイとして疑う場合に、沖縄では多かった移民帰りの人たちが疑われる対象になった。四四年八月三〇日に戦闘計画を作成した独立混成第一五連隊は、「敵上陸の機近迫するや沿岸住民の動行に注意し敵第五列の活動を封ず」、「島嶼及北米南方占領地域に在留する者の家族は敵に利用せらる、顧慮大なるを以て開戦と共に抑留し敵の利用を阻止す」（沖縄137）と定めている。またその直前の二六日の独立混成第四四旅団の「副官会同」では「サイパン島よりの引揚家族に対する防諜上の取締監視調査は直接には憲兵隊にて之に当る筈」と憲兵隊がそうした人々の取り締りをおこなうことが指示されている（沖縄182）。

在留外国人の取り締りは外事警察が担当したが、沖縄県では特高課が外事警察を担当、厳しい監視がなされた。四三年七月現在、沖縄県内にいた日系米国人は一〇二名だったが（『沖縄県警察史』四七四—四七五頁）、日本国籍の者でも移民帰りはにらまれており、移民帰りの人にはすでに太平洋戦争が始まってからまもなくの四二年に警察署への出頭命令が出されて呼び出されており、太平洋戦争の開始当初から彼らは要注意人物としてマークされていた（浦添5・七頁）。

住民を軍のための陣地構築や作業に動員し、さらに戦闘員化していくことは、同時に住民が軍内部のさまざまな情報に接することを意味する。そこから住民がスパイ行為を働くかもしれないという疑いから一層不信の目で見るようになる。軍による住民の動員と不信・スパイ視が共存していた。

防諜とは厳密には軍事機密を守ることであるが、住民にまで強調されたのは、そうした意味にとどまらなかった。「国民的自覚を失なはぬこと。真の日本人となること。即ち何事を言ひ何事を行なふにも常に必ず確乎たる日本精神を堅持して処理すること。これが国民防諜実践の根本」（『海南時報』一九四二年七月二〇日、『沖縄県警察史』九七九頁）であるとされており、国民を戦争に動員するための精神教育の意味もあった。

軍による沖縄県民への不信感の伝統

住民をスパイ視する背景には、軍の沖縄県民に対する不信感があった。沖縄県では一八九八年に徴兵令が施行されたが、徴兵事務を担当する沖縄地区警備隊司令部（一九一八年に沖縄連隊区司令部と改称）がおかれた。その一九一〇年度の「沖縄警備隊区徴募概況」という報告書には、沖縄では徴兵忌避が多いことを「遺憾」とし、「本県に於ける軍事思想の幼稚なると国家思想の薄弱なる」とを非難している（浦添5・二九九頁）。さらに一九二二年に沖縄連隊区司令部が作成した「沖縄県の歴史的関係及人情風俗」という文書では、「短所」のトップに「皇室国体に関する観念、徹底しからず」を挙げ、ほかにも「進取の気性に乏しく、優柔不断、意志甚だ薄弱なり」「軍事思想に乏しく、軍人と為《な》るを好まず」など沖縄県民への差別的な意識と不信感を露骨に示している（浦添5・三〇〇―三〇三頁）。

こうした認識は、一九三四年に沖縄連隊区司令官石井虎雄大佐が陸軍省と参謀本部に提出した意見書「沖縄防備対策」にも示されている。そこでも「憂《うれい》の最大なるは事大思想なり」とし、「国家の興廃全く眼中になし」など不信感を露にしている。

こうした沖縄住民への差別的な意識と不信感は沖縄にやってきた日本軍にも広く浸透していた。第三二軍司令部が「爾今《じこん》軍人軍属を問はず標準語以外の使用を禁ず、沖縄語を以て談話しある者は間諜《かんちょう》として処分す」、つまり沖縄の言葉を話す者はスパイとして処刑すると軍会報で通達したことにも示されている。実際に沖縄にやってきた日本軍将兵による差別的な言動についてはたくさんあるが、こうした日本軍の体質が沖縄戦における数多くの住民虐殺につながったと同時に、沖縄の中で、差別から逃れようとして、一層日本人、つまり皇民になりきろうと軍に積極的に協力していく人々を生み出した。軍の意思を受け入れて「集団自決」を実行した地域の指導者や青年たちの意識にそれは反映されている。

ところで四四年末に沖縄本島にいた三個師団のうち第九師団が台湾に引き抜かれ、翌年一月にはもはや増援部隊は来ないことが大本営の意思として明確に伝えられた。この時点で、沖縄は「帝国本土」＝「皇土」からは切り離され、「国体」＝天皇制を守るための捨石にされることがはっきりした。こうした中で米軍の来襲が迫ってきた三月、現地初年兵の召集と大規模な防衛召集、学徒隊の召集など根こそぎの軍事動員が実施された。

長勇第三二軍参謀長は、新聞紙上で弾運びなども大事だが「直接戦闘の任務につき敵兵を殺すことが最も大事である。県民の戦闘はナタでも鍬でも竹槍でも身近なもので軍隊の言葉で言ふ遊撃戦をやるのだ」（『沖縄新報』一九四五年二月一五日）と全県民が戦闘員となることを呼びかけた。

米軍が上陸した後、特に日本軍陣地があり、多くの住民も避難していた南部では、軍による直接の住民の狩り出しがおこなわれ、弾薬運びや斬り込みなどに動員された。法に基づく手続きなどまったく無視された。事実、第三二軍は「民家の洞窟に入り健康男子を捜索連行する」方法をとったことを「第三二軍沖縄戦訓集」の一項目として報告している（沖縄261）。

沖縄は実質的に日本軍による軍事支配の下で、住民の戦闘員化が徹底しておこなわれた。もちろんそれは地域差があった。日本軍が駐留しない離島ではそうした状況は生まれなかったし、沖縄本島では本土への疎開や山原への避難がなされて人の移動も多く、また居住地から離れることもある程度可能だった。それに対して、住民が島に閉じ込められ、多くの日本軍が駐留した小さな離島では、その軍官民の一体化は極端にまで進められた。その典型的な例が慶良間列島であり、伊江島だった。

「集団自決」がおきた地の特徴

日本軍秘密基地慶良間

慶良間列島は、沖縄本島やほかの離島とは異なる特徴があったと言ってよいだろう。慶良間には四四年九月に入り、各島に日本軍がやってきた。海上挺進戦隊はそれぞれ一〇四名、海上挺進基地大隊は九〇〇名ほどであり、座間味、阿嘉、渡嘉敷にはそれぞれ一〇〇〇名ほどの将兵が駐留することになった。特攻艇の存在自体が機密事項であることから、機密保持は特に厳しかった。隊員たちは学校などを接収したがそれだけでは宿舎が足りず、各民家に分宿した。その一方で、その訓練の見学は絶対禁止だった。

座間味の状況を見てみると、島の人々は周囲の小島に畑作業に行ったり、漁業のために小船（サバニ）を持っていたが、舟の往来は軍の許可制になり、自由な往来は禁じられた。慶良間列島全体が「海上封鎖し、村民は一歩も島を出られないし、他所《よそ》からここへ来ることも出来」ない状態におかれた（徳平秀雄・元渡嘉敷郵便局長、沖縄県史10・七六三頁）。

島民はスパイ防止のために軍が作った図案を芋版で作り、それを白い布きれに押して、胸元にそのマークを付けて外出しなければならなかった。ほぼ全員が顔見知りの島内でこのようなマークを付けさせられたのは、軍による島民監視のためだったと考えられる。と同時に島民に防諜・スパイ摘発の戦時意識を植え付けるためだったとみられる。

労働力として利用できる男や若い女性たちは特攻艇の秘匿壕や陣地構築に動員された。島民たちは極秘の秘匿壕などの所在、構造などを知ることとなり、軍にとってはかれらの監視が重大な課題として残された。もしかれらが米軍に捕まれば、そうした情報が漏れてしまうからである（宮城晴美一八一―一九〇頁）。

一〇月一〇日の空襲で那覇との連絡船が沈められ、軍の連絡を除いて、外部との連絡が絶たれた。すべての食糧も軍の監視下におかれた。もともと離島で島の共同体の規制力が強かったと言えるが、さらにこうした状況のなかで島民一人ひとりが役場と軍によって把握され、そこから逃げられず、軍が絶対的な力を持つことになった。

こうした中で一七歳から四五歳までの男性の防衛召集が実施されて兵士として召集され、若い女性たちは軍の炊事班、経理室などに配属され軍と行動を共にするようになった。四五年二月には基地大隊の主力が戦闘部隊として再編されるために本島に移動し、その代わりに朝鮮人軍夫が主体の特設水上勤務中隊が各島に配備された。この強制連行された朝鮮人たちは日本兵や島民よりもはるかに貧しい食糧しか配給されないなかで強制労働に従事させられた。

慶良間列島の特徴を整理すると、第一に、配備されていた軍は、特攻隊である海上挺進戦隊とその支援部隊であった。戦隊は、米軍が来襲すれば自分たちは死ぬと思っていた部隊であり、構成員は若い特別幹部候補生からなる。みな死ぬのだという意識は、ほかの部隊以上に強かった。

第二に、渡嘉敷や座間味などでは小さな離島に一〇〇〇名を越す日本軍が駐留し、四五年二月に基地隊の多くが本島に移動するが、それでも数百人の部隊がいた。外部との交通は制限され、情報は閉ざされ、日本軍が絶対の存在となっていた。第三に特攻隊の基地であったこともあり、非常に厳しい住民統制がなされ、防諜、機密保持も徹底されていた。軍の絶対的な力の下に軍官民一体の強固な戦時体制が作られていたと言ってよい。

座間味島では一九四一年七月に小学校の裏山の麓に忠魂碑が建設された。その前年が紀元二六〇〇年にあたり、全国的に大々的な記念行事がおこなわれたが、座間味でもこれを記念して在郷軍人会が募金を集めて建立した。太平洋戦争が始まると、一二月八日にちなんで毎月八日が大詔奉戴日とされ、忠魂碑の前で宮城遥拝、君が代・海ゆかばの斉唱、詔書奉読、在郷軍人らによる講話などがおこなわれた。天皇のために忠義を尽くし命を捧げることが尊いこととされ、戦意高揚の格好の儀式となった。日本軍が駐屯するようになると「〝鬼畜〟である米兵に捕まると、女は強姦され、男は八つ裂きにされて殺される。その前に玉砕すべし」というような訓示が将校からおこなわれるようになった。この忠魂碑は、島の信仰の場所であった拝所の横に建てられたが、四四年三月には伝統的な信仰は弾圧されて神社に変えさせられた（宮城晴美九八頁、宮城晴美「同化政策の結末」）。

同化・皇民化政策の地・慶良間

慶良間では二〇世紀に入るころからカツオ漁と鰹節生産が始まり、ある程度経済的に豊かな階層が生まれ、かれらは子弟を本島の中学校や高等女学校、師範学校などに進学させるようになった。かれらが島に帰ってきてリーダーとなっていくが、概して本土（ヤマト）への同化政策を地域社会で進める役割を果たした。島の婦人会は風俗改良や改姓改名など、沖縄的な風俗を廃し、同化政策を進めるうえで大きな役割を果たした。

カツオ漁は一九三〇年代に入ると不漁と恐慌による価格低下のために下火になり、パラオ、トラックなど南洋に出漁するようになるが、そこからの送金が多かったという。そうした経済的な事情を背景に、その後も「不況知らずの座間味の教育」と村史で見出しが付けられるように、中等教育への進学は衰えなかった（座間味中三八頁）。

カツオ漁が衰退していた一九四〇年時点でも水産業の生産額は、沖縄本島と周辺の島々のなかでは、那覇市、本部村についで座間味村と渡嘉敷村が第三位と四位を占めている。また全産業をあわせた一戸あたりの生産額でも県平均九〇〇円に対し、座間味村一五九六円、渡嘉敷村一五四五円、一人あたりでは県平均一九〇円に対し、座間味村二七九円、渡嘉敷村三四七円と比較的上位に位置する（沖縄県史20・五〇一頁）。

経済的な指標を見る限りでは、慶良間は沖縄のなかでも一人あたりの生産額は、年によって上下が激しいが、比較的上位にあり、そうしたことを背景に同化政策が浸透していた地域であったと見られる。座間味と渡嘉敷で村長や校長など島の指導者が「集団自決」を主導したのは、こうした同化政策、さらには戦時体制下の皇民化政策の担い手であったことが背景にあったと言えるだろう。

渡嘉敷島では、一九二八年の徴兵検査では一八人中第一乙種が一人いただけで残りはみな甲種合格になったという。その年度の合格率は全国一でこれが五年連続だったと、その年の徴兵検査体験者は語っている（沖縄県史10・七六二頁）。甲種合格が多いということは、島にある程度の経済的な余裕があったことを示唆しているだけでなく、その経済的な余裕を背景に教育程度も比較的高く、そのことは同化政策を受け入れる人材が多かったことを意味している。なお都市部は概して経済水準は高いが、肉体労働をしていない者が多ければ、甲種合格率は低くなる。

さて甲種合格の多さは、実際に召集されて兵士となった割合が高いことを意味しており、かれらが在郷軍人となって島に存在していたことにつながる。かれらは根こそぎの防衛召集によって防衛隊に召集されるが、軍隊経験がまったくないまま、防衛召集された成年男性とは違って、軍人としての意識が叩き込まれている防衛隊員になる。概して防衛隊員の場合、軍人意識が薄く、軍事訓練も受けていないことが多いので、沖縄戦においても脱走・投降の例が多いが（詳細は『沖縄戦と民衆』7参照）、渡嘉敷など慶良間の防衛隊員の場合、他に比べて軍人意識が強いように見受けられるのは、こうした背景があったからだと思われる。

渡嘉敷で防衛隊員だったある島民は、戦後、「敵に捕虜になることも、今いう法に触れることになります」と断言し、「(住民が)捕虜になられると、こちらの陣地や兵力が敵側にばれてしまう。軍隊にとっては、大変迷惑な話です。敵につれ去られて、四、五日してから帰って来る。こういう事は明らかにスパイ行為をやっていると断定します」と住民処刑を正当化する軍の立場に立った意見を堂々と語っている(沖縄県史10・七七九―七八〇頁)。防衛隊員は、後で説明するように、軍や島の指導者と各家の住民を結ぶ重要な位置にあった。

日本軍の存在と役割が決定的に重要であることが前提であるが、島の指導者たちや防衛隊員らの意識と行動が、「集団自決」がおきるかどうかを左右する重要な役割を果たしていたと言えるのではないだろうか。また慶良間は、近代以来の沖縄における同化政策、さらに皇民化政策が徹底していたという土壌の上に、日本軍がやってきて戦時体制のエッセンスが凝縮された地となっていた。慶良間はさまざまな条件が「集団自決」へと誘引していく方向にそろっていたと言える。

慶良間での「集団自決」を考える際に、ここでは米軍に保護された島民などに対する日本軍による住民虐殺、朝鮮人軍夫の強制連行・強制労働とかれらを日本軍が虐待し虐殺したこと、渡嘉敷、座間味、阿嘉には日本軍慰安所が設けられ朝鮮人女性が連行されていたことも忘れてはならない（川田文子『赤瓦の家』参照）。朝鮮人軍夫（男性）は、日本軍の一員でありながら、明確に食糧などで差別された存在であり、日本軍「慰安婦」にされた朝鮮人女性は、皇民化教育の浸透した若い女性たちにとっては、自分たちは絶対にそうなりたくない、堕ちた汚れた女性として映っていただろう。米軍に捕われることは、自らがそうした位置に堕ちることを意味する。

日本―沖縄―朝鮮という大日本帝国の周辺地域・植民地支配の階層構造が小さな島の中に再現され、そのことが皇民化政策・教育を受け入れた人々が、一層より日本人になろうとすることとつながったのではないかと思われる。そうした点も含めて、慶良間は、大日本帝国の差別の構造と戦時体制が凝集した地であった。

伊江島

伊江島ではすでに述べたように、徹底した住民の戦闘員化が図られた。

米軍の戦史には伊江島の戦いについて次のように述べている。「伊江島では慶良間の場合とちがって、日本軍は多数の民間人を戦闘員として使っていた。なかには乳呑み児を背負った婦人もいて、こういう人たちが斬り込み隊に加わり、みずから死ぬと知りながら米軍陣地に突撃し、日本軍の塹壕や洞窟陣地の防衛に一役買って出たものもいた」（米陸軍省一六七頁）。

四月一六日からのわずか六日間の戦闘で、住民約三〇〇〇人のうち半数以上が犠牲になったと見られている。それは事前に軍官民合同演習で想定されていた事態でもあった。四三年から始まる飛行場建設のための強制的な立退き、建設のための徹底した勤労動員や供出、さらに少しでも役に立つ者は戦闘員として竹槍や手榴弾などを配られ、斬り込みに駆り出されていった。「集団自決」も、防衛隊員たちが持ち込んだ手榴弾や爆雷などによっておこなわれており、すべての住民の戦闘員化という形で軍民一体が極端化されていたことが伊江島の特徴と言えるだろう。慶良間が、長年の同化政策・皇民化政策の上に作られた特攻艇の秘密基地としての軍官民一体の体制であったとすれば、伊江島は軍による徹底した住民の戦闘員化（民がなくなり軍に吸収された戦闘態勢）が特徴だった。

読谷

読谷も伊江島と同じように四三年から土地接収がなされて陸軍の飛行場建設がおこなわれ、村民たちの勤労動員や供出がなされた地域である。沖縄本島のなかでは読谷の北飛行場が最も大きな飛行場だった。飛行場があるということは防諜も厳しかった。米軍上陸前の日本軍の再配置によって主な戦闘部隊は読谷付近から南へ移動し、米軍上陸時には後方部隊を再編した部隊がいくらかいただけで、かれらもすぐに北部に逃げていった。しかし多くの日本兵が駐留しているなかで、米軍に捕まるとひどい扱いを受けるという話はさまざまな機会になされ、飛行場の日本軍部隊で事務員などとして働いていた女性たちは家に帰される際に「大和撫子はいさぎよく死ねよ」と将校から言われていた（国吉トミさん、読谷下六八五頁）。

チビチリガマのケースでは、元従軍看護婦であり北飛行場で軍の看護婦として働いていた女性と、元兵士が果たした役割が大きかった。中国での日本兵による残虐行為を直接兵士から聞かされていた彼女は、米軍が上陸する前から、米軍に捕まるよりは「自分で死んだほうがいい」と友人に話していた（読谷下六九二頁）。また中国戦線の経験があるといわれている元兵士も自決を主導した。

「集団自決」のおこなわれた時点ではここには日本軍はいなかったし、また役場など村の指導者もいなかったが、その二人がガマのなかの一時的な集団（同じ字の住民）のリーダー役となり、同時にその二人が日本軍の代弁者となった。軍の看護婦であった女性は、中国にも行ってきた軍の勤務者であり、村のなかでは傑出した存在だったことから、ガマの中でその発言が住民に影響力を持ったと思われる。

ここでの犠牲者数は本島における「集団自決」のなかでは最も多かったが、これはチビチリガマの特殊な形が影響しているように思われる。このガマは出入り口が一つしかない、行き止まりのガマで、中に入ると息苦しくなる小さなガマである。またひょうたん型で、途中がくびれており、しゃがんで通らなければならないところがある。「集団自決」は、看護婦の女性が家族を薬で殺していくことから始まるが、その薬は家族分しかなかった。そのため元兵士がこのくびれたところにフトンなど燃えやすいものを重ねて火をつけておこなわれた。元兵士が言った言葉と見られるが「出たい人は出なさい」と言われて、子どもを連れた女性たちは、子どもたちの手をとって逃げようとしたが、煙に巻かれて子どもを残してしまったケースもあった。つまり逃げ出そうとしたが暗闇のなかで煙に巻かれて逃げ切れずに犠牲になった人たちがかなり多かったと見られる。五〇人近くは煙のなかを逃げ出して米軍に保護されたが、米軍に捕まると殺されるという恐怖心を持っていた。ただガマにとどまれば確実に死が待っているが、外に出ると、もしかすると助かるかもしれないという望みがなかったとは言えないだろう。

いずれにせよ、ここは、自然的な条件が少し違っていれば、これほどの大きな犠牲を生む集団ではなかったと思われる。なおチビチリガマについで多くの犠牲を出したクーニーガマは日本兵と一緒のケースで軍民混在のケースであると言えるだろう。

図17　シムクガマ入り口の記念碑（読谷）

チビチリガマの近くにあったシムクガマでは、同じ波平の住民一〇〇〇人以上が避難していたが、ここではハワイ帰りの二人が住民たちを説得し、米軍に投降して、みんな助かっている。先に紹介したように、読谷村内のいくつかのガマで小規模な自決がおきているが、米兵の呼びかけや、米兵についてきた住民の呼びかけに応じてガマを出て助かったケースも少なくない。そこではハワイ帰りの人たちが重要な役割を果たしたケースがいくつもある（読谷上二〇九頁、二二六頁、下七七五頁など）。

読谷ではいくつか小規模の「集団自

決」ともいえるケースがあったが、日本軍がいなかったことが幸いし、自然的な悪条件が左右したチビチリガマを除けば、犠牲者も少なく（慶良間や伊江島のように大規模にはならなかった）、住民の賢明な判断で投降して助かったケースが多かったのである。

その他のケース

本島のほかのケースを見ると、美里村の例は日本軍の命令によって兵士（防衛隊員）によってなされたものである。具志川のケースは、警防団など青年たちが軍から手榴弾などを渡され、実質的に軍隊化していた集団である。玉城村前川のケースは、日本軍から防衛隊員や義勇隊員、看護要員らに渡されていた手榴弾が使われた。

六月の南部のケースを見ると、米須のカミントゥガマの場合、兵士たちが一緒にいた中でおこなわれたものであるし、玉城村糸数のガマでも防衛隊員を通じて配られていた手榴弾でおこなわれている。こうした例を見ると、軍隊化・戦闘員化した集団の場合か、軍民混在のなかで日本軍によって配られた手榴弾によってなされたケースがほとんどすべてと言ってよい。

家族単位あるいは若干名の知人のグループなどの自決は、特に南部などではたくさんあると見られるが、家族を超えて地域の人々がある程度まとまって「自決」をおこなうケースを「集団自決」と理解するならば、本島でのこれらのケースは、事実上軍隊と同様に戦闘員化した集団か、軍民混在のなか兵士あるいは防衛隊員（どちらも正規の軍人である）が主導して軍によって配られた手榴弾が使われるケースのどちらかに分けられる。後者の場合、米軍との戦闘のなかで地域社会の統制力が崩れつつあるので慶良間のようには大規模にはならなかったが、地域社会の統制力が利用された慶良間とは違って、軍による、より直接的な介入が見られる。ただ慶良間のなかでも渡嘉敷の場合は、防衛隊員たちが住民に合流し軍から配布された手榴弾を爆発させて「集団自決」がおこなわれていることを考えると、軍人のいない住民だけの集団で大規模なものは、座間味と慶留間に限定されるように思われる。ただ座間味の場合は、助役が防衛隊長であったことを考えると、軍人がいないとは言い切れないが。

このように見てくると、「集団自決」とは、その一歩手前にまで追いこまれた状況は広範に見られるとはいえ、必ずしも沖縄各地のあちこちで起きた出来事というよりは、かなり限定された地域で、限定された条件下において起きた出来事と考えるべきではないだろうか。

その背景

捕虜を認めない思想

死を強いられた日本軍将兵と捕虜虐待

「生きて虜囚の辱めを受けず」

「集団自決」を引き起こした原因の中で最も大きな理由の一つが、軍人だけでなく、たとえ民間人であっても捕虜になることを許さない日本軍・日本国家の思想である。十五年戦争における日本軍将兵の戦死者数は合計で約二三〇万人である。そのうち、半数あるいは半数以上が餓死（餓えに基づく病死など広い意味で）であったことが藤原彰氏の研究で明らかにされている（藤原彰『飢死にした英霊たち』）。

さらに戦闘での戦死者のなかでも、多くが全滅することを余儀なくされた。いわゆる「玉砕」である。すでに戦闘としての勝敗の帰趨はつき、通常の軍隊であれば軍として降伏しているような絶望的な状況になっても、日本軍は投降を許さなかったため、しばしば最後の突撃をおこなって全滅の道を選ぶことを強いられた。最後の突撃をおこなわなくても、降伏することを許されない状況下で、抵抗を続け、あるいは多くの場合、米軍の攻撃を逃れるために逃げ回り、その中で戦闘や病気などによって命を失っていった。

もはや最後の突撃をおこなう余力も残されていない場合は、「自決」を強要された。ニューギニアやビルマ（現ミャンマー）などで敗北して後退していくなかで、動けなくなった将兵たちは手榴弾やみずからの銃で「自決」していった。餓死にしても「玉砕」にしても、あるいは「自決」にしても、二〇世紀の通常の国の軍隊であればいずれも避けられた事態であった。こうして少なくとも百数十万人の将兵たちは、通常の戦闘での戦死者ではなく、日本軍によって死を強制されていったのである。

捕虜になることを許さないのは、一九四一年一月に東条英機《とうじょうひでき》陸軍大臣によって布達された戦陣訓のなかの「生きて虜囚の辱を受けず、死して罪禍の汚名を残すこと勿《なか》れ」という一句が有名である。これは天皇の裁可を得て、陸軍部内に示達する陸軍大臣の訓示の形をとったものである。

すでに三九年一〇月に制定された『作戦要務令　第三部』において、「死傷者は万難を排し敵手に委せざる如く勉むるを要す」と、負傷者であっても敵の捕虜にならないように処置することが定められていた（吉田裕・森茂樹二五二頁）。それまで「已《や》むを得ず傷者を赤十字条約の保護に委する場合」というように、負傷兵が捕虜になることを想定した規定が以前の『陣中要務令』には含まれていたが、そうした記述はなくなった（前原三八頁）。

この『作戦要務令』は天皇が裁可し軍令として公布されたものであり、「朕　作戦要務令を制定し之が施行を命ず」との文に御名御璽《ぎょめいぎょじ》（天皇の署名と公印）がある（「作戦要務令制定の件」、天皇の裁可一九三八年九月二九日、『大日記甲輯』昭和一三年、防衛研究所所蔵、アジア歴史資料センター）。命令の格から言えばこちらの方が戦陣訓よりはるかに上である。

沖縄戦において南風原《はえばる》の沖縄陸軍病院をはじめ軍病院が撤退する際に動けない重傷患者を殺害したのは、このように軍中央の方針、言い換えると天皇の命令であった。病院以外でも、具志頭《ぐしかみ》での出来事であるが、負傷兵たちがいる小屋に「とにかく捕まったらいかんからやってこい」と命令されて手榴弾を投げ込んで殺した兵士の証言がある（読谷下三七五頁）。部隊と一緒に後退できない重傷者の殺害は、日本軍の場合、一般的に見られたことだった。

沖縄戦が始まってまもなくの四月二〇日付で大本営陸軍部が配布した『国土決戦教令』

では「第十一　決戦間傷病者は後送せざるを本旨とす　負傷者に対する最大の戦友道は速かに敵を撃滅するに在るを銘肝し敵撃滅の一途に邁進するを要す　戦友の看護付添は之を認めず　戦闘間衛生部員は第一線に進出して治療に任ずべし」とある。それに続いて「第十二」では「戦闘中の部隊の後退は之を許さず」とされている。負傷兵は戦場に放置し、後退することなく戦えというもので、全将兵に「玉砕」を強いるものであった（『季刊戦争責任研究』一二六号に全文）。

捕虜の虐待・処刑

捕虜になることを許さない、捕虜になるような者は非国民、恥さらしと非難される状況の下で、日本軍が捕獲した連合軍捕虜を侮辱し、人道的に扱わない姿勢が蔓延したのは必然であった。日本は、一九二九年に結ばれた捕虜の扱いに関するジュネーブ条約について陸海軍の反対で批准をせず、太平洋戦争の開戦にあたって連合国がジュネーブ条約の適用を求めてきたときにも外務省は「準用」すると回答したが、軍にはこの戦時国際法を守ろうとする意思はなかった。

日本軍は捕虜たちを過酷な強制労働に駆り立てただけでなく、現場ではビンタや殴打など暴行がしばしばなされた。日本軍に捕まった欧米軍捕虜（ほとんどが白人兵）約一四万八七〇〇〇人のうち四万二〇〇〇〇人あまり、二八％もが死亡した。連合軍捕虜への虐待は戦後、連合国による戦犯裁判で裁かれた大きな戦争犯罪であった（林博史『BC級戦犯裁判』第四章2）。

さらに欧米の白人将兵は一応、捕虜（当時の言葉では正式には「俘虜」）として扱ったが、中国戦線では中国兵を戦時国際法に定められた捕虜として扱わなかった。日中戦争が本格化した直後の一九三七年八月五日、陸軍次官通牒において、交戦法規に関する諸条約を「悉《ことごと》く適用して行動することは適当ならず」と通達し、中国との戦争においては戦時国際法を適用しないことを指示した（藤原彰『南京の日本軍』三四頁）。南京大虐殺事件のなかでもっとも殺された人数が多かったのは中国軍捕虜と見られるが、その後の日中戦争のなかで日本軍に捕まった中国兵はすぐに処刑されるか、荷物担ぎなど労働力として使役され、役に立たなくなると殺されることが多かった。

捕虜に関する事項を取り扱う俘虜情報局が設置され、国内外に俘虜収容所が開設されたのは一九四一年一二月の太平洋戦争が始まってからであり、中国との戦争では正式には俘虜＝捕虜を取らない扱いだったのである。日本軍の将兵が捕虜になることを許さない思想は、連合軍や中国軍捕虜への虐待・虐殺につながっていたのである。

特攻隊をめぐって

「集団自決」をめぐって、一部の人々は自らお国のために進んで命を捧げた行為だという主張をおこなっているが、こうした議論は特攻隊のとらえ方をめぐる議論と共通していることも指摘できるだろう。

航空機による特別攻撃隊においては、「志願」という建前が一部ではとられていたが、命令によって特攻隊に編入された者も少なくない。特攻隊という部隊そのものが、陸海軍上層部の決定によって編成されているのであり、自発的に編成されたものとは言えない。また「志願」せざるをえないような状況に追いつめられていたことも多くの論者から指摘されている。

一九四五年五月下旬に陸軍航空本部が知覧《ちらん》基地でおこなった特攻隊員の心理調査でも、隊員の三分の一は「最初から希望していなかった」と分析されている。森本忠夫氏は、この調査の内容を紹介したうえで、「志願」という点について、次のように述べている（森本三五一頁）。

（略）隊員の三分の一に相当する人々が特攻隊員となることを希望していなかっただけであろうか。筆者は恐らくもっと多くの人々が、個人の主体的自我を埋没させ、没我を強制して、集団の中に自我を措定させ、これを制約していた日本の軍隊と言う集団の中で、例え特攻志願を両手を挙げて賛成していたとしても、それは本来の意味での自発的な賛意の意志表示であったとは思えないのである。

特攻に使われた航空機は、九七式戦闘機や練習機など旧式戦闘機が多く、エンジン故障などの事故が多発した（吉田裕二一二頁）。にもかかわらず、引き返してきた隊員たちは「非国民」呼ばわりされ、他の隊員たちから隔離された（林えいだい『陸軍特攻』）。隊員も未熟練なパイロットが多く、将校の場合は、現役将校より学徒出身などの予備将校、下士官兵の場合は少年航空兵が多かった（吉田・森二五八—二六三頁）。海上挺進戦隊に配属されて㋹に乗り込まされることになった兵士たちも、中等教育を受けた者から選抜され、短期間の訓練で下士官になる特別幹部候補生だった。実際には四四年四月から四か月半の訓練だけで沖縄に配備されて、年明けには伍長に昇進した。一八、九歳のものが多かった。かれらの場合は「志願」の形式さえもとられずに海上挺進戦隊に配属された（深沢敬次郎『船舶特攻の沖縄戦と捕虜記』、儀同保『慶良間戦記』参照）。

こうした特攻隊員たちの姿を見ると、沖縄戦で、沖縄現地召集兵が自家製の爆雷や手榴弾を渡されて夜間斬り込みを命じられ、生きて帰ってくると上官から「非国民」「臆病者」呼ばわりされたことと重なって見える。日本軍とは、藤原彰氏が述べているように「莫大な無駄死にを強制した軍隊、国民を守るどころかそれを犠牲にした軍隊」（藤原彰『日本軍事史』上、二八一頁）だった。その軍隊はそれゆえ対外的にも非人道的な行為を繰り広げたのである。

侵略戦争の経験と沖縄戦

ここで沖縄戦に関わった主な軍人や部隊の経歴を見ておきたい。

第三二軍司令官であった牛島満中将は、一九三七年の南京攻略戦のときには、歩兵第三六旅団長（少将）として参加していた。同旅団が属した第六師団の師団長であった谷寿夫中将は、戦後、南京虐殺の責任を問われて中国国民政府の戦犯裁判によって死刑となっている。牛島個人の果たした役割はまだはっきりしないが、彼の旅団もこの一連の残虐行為に関わっていたと見て間違いない。

第三二軍の参謀長を務めた長勇中将も南京攻略戦に参加していた。長は、上海派遣軍司令部の情報主任参謀（中佐）であったが、指揮下の師団から、捕虜をどうするのかという問い合わせに「ヤッチマエ」とくりかえし命令していたことが知られている（角良晴大佐の証言、藤原彰『南京の日本軍』三六頁）。彼は、第三二軍参謀長として、新聞紙上で、県民が餓死するといっても食糧をやらないと公言していたがそうした体質は一貫していたと言えるだろう（『沖縄新報』一九四五年一月二七日）。

慶良間列島にも配備された㋹とよばれる陸軍の特攻艇の開発にあたっては、一九四四年四月、宇品にあった陸軍船舶司令部司令官の鈴木宗作中将が、上陸船団を背後から奇襲する攻撃艇の構想を聞いて、その試作と戦法研究を命じたとされている（靖国神社遊就館のリーフレット『陸軍が行った海上特攻』）。

鈴木は、第二五軍司令官山下奉文《ともゆき》中将の下の参謀長として、一九四二年二月から三月にかけてシンガポールとマレー半島において華僑粛清、すなわち華僑虐殺を実行した。シンガポール警備司令官に任命した河村参郎少将に対して具体的な粛清の内容を指示し、命令に異論を唱えようとする河村を抑えて「軍司令官が最終決断をしたのだ」と粛清命令の実行を命じた人物でもあった（林博史『シンガポール華僑粛清』五五―五七頁）。

山下奉文は、華僑粛清をおこなった軍司令官であるだけでなく、太平洋戦争開戦前に北支那方面軍参謀長であった一九三九年四月、「治安粛正要綱」を作成し、満州でおこなっていた現地処分あるいは厳重処分、すなわち捕まえた者を裁判などの手続きなしにその場で処刑する方式を華北に導入した。その方法が、後に三光作戦とも呼ばれる、抗日根拠地に対するきわめて非人道的な作戦に発展していくことになる（林『シンガポール華僑粛清』一九一―一九二頁）。

その三光作戦に見られるような治安粛清作戦は、中国共産党の拠点である延安に近い山西省などでおこなわれたが、その山西省などで編成されて沖縄に送り込まれてきたのが、第三二軍の中心師団である第六二師団だった。山西省で日本軍によって拉致されて「慰安婦」にされた（あるいは監禁強かんされた）性暴力被害者たちが九〇年代に日本政府を相手取って訴訟をおこした。そうした行為に関わっていた部隊の少なくない将兵たちが沖縄に来ていた（内海愛子ほか『ある日本兵の二つの戦場』参照）。

こうした将兵や部隊の経験が、直ちに沖縄戦における出来事と直結するかどうかは一概には言えないが、侵略戦争のなかで日本がアジア各地でおこなったさまざまな経験が沖縄戦に流れ込んでいると言っても過言ではないだろう。

「集団自決」の問題は、沖縄だけの孤立した事象ではなく、日本がおこなった侵略戦争のさまざまな事柄と関連をもったものであり、戦争全体のなかでとらえなければならない。沖縄戦は日本がおこなったアジア太平洋地域への侵略戦争の行き着いた先であった。

沖縄戦で人々が「集団自決」に追い込まれた重要な要因の一つが、米軍に捕まるとひどい扱いを受けたうえで無残な殺され方をするという宣伝だった。これは単に宣伝にとどまらなかった。沖縄には、特に中国戦線の経験のある将兵たちが多数送り込まれていたが、かれらは中国で自らがおこなったか、見聞した日本軍による残虐行為について住民たちに語り聞かせていた。住民にとって信頼している日本軍でさえもこれほどのひどいことをするのであれば、鬼畜である米軍はどれほどひどいことをするのか、人々を恐怖に叩き落すのにこれほど効果のあるものはなかっただろう。侵略戦争でのアジア民衆に対する加害の経験が、逆に日本人に刃《やいば》を向けてきたのが「集団自決」だったと言えるだろう。

日本軍の民間人の扱い方

「女小供玉砕してもらい度し」

すでに紹介したように、日本軍が戦争のなかで、多くの日本人の民間人を抱えて地上戦をおこなった最初の経験と言えるのが、サイパンなどマリアナ諸島での戦闘だった。しかもそれらの戦いは日本軍が負けていく戦闘であり、日本軍が「玉砕」する際に、そこでの民間人をどうするのかということが大きな問題となっていく。

サイパンの敗北が迫っていた四四年六月から七月にかけて東京の参謀本部（大本営陸軍部）と陸軍省ではサイパンの在留邦人の扱いをめぐって議論がなされていた。

陸軍省医事課長大塚文郎大佐の「備忘録」によると（防衛研究所図書館所蔵、なお保坂廣志「沖縄県民と疎開」『沖縄戦研究』Ⅱ一三六―一三七頁、防衛研究所戦史部『国土防衛における住民避難』一三―一四頁、参照)、七月二日の局長会報(会議)の席で、軍務局長佐藤賢了少将が、東条英機陸軍大臣から「サイパンの居留民の仕末」について「徹底せしめよ」と指示されたと語ったと記している。

　軍務局長の発言内容を整理すると、参謀本部内では「女小供《ママ》玉砕してもらひ度しとの考へが良いとの意見」があるが、「之を全部玉砕せしむる如く指導するに就ては、将来離島は勿論、戦果《ママ》が本土に及ぶ場合の前例ともなるので、大和民族の指導上重要で、事務的の処理でなく政府連絡会議のお決めを願度《ねがいたく》して上奏し、大御心《おおみこころ》に如何《いか》にして副《そ》ふかを考へ度し」と、大本営政府連絡会議(最高の国策決定機関)で意見を出すが、「自分は今迄の研究の結果は、女小供自発的意志に於て皇軍と共に戦ひ生死苦楽を共にするになれば、誠に大和民族の気魂は世界及び歴史に示さる事が願はしいが、之を政府特に命令に於て死ねと云ふのは如何なものか。死ねと云ても心身疲労し、此《この》大人数が出来るか。皇軍の手にかけねばならぬ。(略)之は果して大義か、大御心に副ひ奉るか。と云て敵軍に渡すか、之も不可。(略)一兵迄尽きた、玉砕した、即戦闘力が零となつた、非戦闘員は自害してくれゝばよいが、已《や》むを得ず敵手に落つる事あるも已むを得ないではないかと自分は幹事として考へり」と述べた。そのうえで「此主旨で」大本営政府連絡会議で「御決定を願つた」。「翌日大臣は上奏、非常にご心配になられた。陛下は御満足遊ばされたので、かく扱ふ事が大御心に副ひ奉ると御決定になつた」。

つまり民間人がやむを得ず敵の手に落ちることはやむをえないという判断を大本営政府連絡会議で決め、陸軍大臣を通じて天皇に上奏し承認を得たという内容である。ただし「此事に関しては直接の課員迄とす　政府と大本営との連絡会議で右の如く決定したるも、個人又は陸軍の意見の如く流布するは不可」と言い渡された。この局長の発言に続けて、軍務課長（二宮義清大佐）も「之の事情を進んで表示するは不可。皇軍は奮戦する、大和民族も大いに働いて居ると云ふ位にす」と外部には洩らさないように念を押した。

民間人であっても敵の捕虜になっては困る、女子どもも自ら死んでほしいというのが本音だったが、政府あるいは軍が死ねと命令することには躊躇していた。そうした命令を軍中央が出すと天皇が関わってきてしまう。ここでは「大御心」に副うかどうかという言い方をしているが、言外にはその責任問題が意識されていると思われる。またどうしても命令で実行しようとすると、皇軍が民間人に手をかけることになってしまうことを恐れていた。

軍中央レベルから民間人の自決命令が出されるとすれば、それは天皇の命令として天皇の責任が問われることになる。天皇の責任だけでなく、天皇を輔弼《ほひつ》する軍中央の幕僚たちの責任も問われる。天皇制国家にとって、天皇が国民に直接、死ねと命令することは避け、なんとかして国民自らが天皇のために命を捨てたという形を取りたかったのだろう。

天皇の関わりについては、特攻隊についても同じような問題がある。一九四四年段階で陸軍中央では特攻隊の編成方法をめぐって激しい議論があったようである。それは「正式の軍隊として、天皇に上奏裁可を仰ぐか否かの問題であった」。天皇の裁可を得た正式の部隊編成にするのか、あるいは「第一線指揮官が臨機に定めた部隊編成」にするのかどうかという対立だった。後者の立場は、こうした特攻戦法を「天皇の名において命令することは適当でない」という考えによるもので、結局、後者の編成方法が採用されたという。したがって、特攻隊編成については「大陸命」（天皇の裁可を得た大本営陸軍部命令）「大陸指」（大陸命に基づいて参謀総長が出す指示）は出されなかった。つまり特攻隊は「表面的には一般の軍隊に準じ」ているが、「厳密にいえば、リーダーを有する殉国同志の集団」であったということである（生田淳四三頁、防衛庁『比島捷号陸軍航空作戦』三四四―三四五頁）。

こうした方針が海軍を含めてすべての特攻隊に適用されたのかどうだったのか、などいくつか疑問が残るが、確実に将兵の死を命令することになる特攻隊の編成を天皇の名でおこなうことが軍中央にとって、深刻な問題になったことはうかがわれる。将兵が特攻隊を「志願」してくれれば、この問題は避けられるので、「志願」が強制されていくことになる。「大塚備忘録」の話はあくまでも軍中央レベルに留められていたので、各地の軍には伝えられていないが、民間人であっても軍人とともに死ぬことが当然であるという認識だけが共有されるなか、軍中央が命令しなくても、各地の軍はその精神に沿って行動することになるのは容易に推測できる。

民間人が敵の捕虜になることは認めず、自ら自決することを望みながら、しかし軍中央が直接、自決せよと命令を出すことはせず、軍ならびに政府は、民間人がいざという場合に死を選ぶように、さまざまな方法を通じて強制・誘導していくことになる。

軍と政府が民間人を死に追いやっていきながら、自ら死んだということにして、自らの責任を棚上げにし、同時に天皇の責任が問われないようにした、きわめて無責任なやり方だった。そしてそうした死を殉国美談に仕立て上げることによって、一層、自らの責任を隠蔽《いんぺい》していったのである。こうした手法は、特攻隊のケースと共通している。

サイパンの日本軍が全滅したことの報道の際に、「サイパン島の在留邦人は終始軍に協力し凡《およ》そ戦ひ得るものは敢然戦闘に参加し概《おおむ》ね将兵と運命を共にせるものの如し」と伝えられた（『朝日新聞』一九四四年七月一九日）。その一か月後には、「壮絶・サイパン同胞の最期」「岩上、大日章旗の前　従容、婦女子も自決　世界驚かす愛国の精華」と題されたトップ記事が掲載され、「非戦闘員たる婦女子も亦《また》生きて鬼畜の如き米軍に捕はれの恥辱を受くるよりはと潔く死を選んだ事が報ぜられ、民族を挙げた日本国民の敢闘精神、愛国心の強烈さに全世界を驚かしている」と報ぜられた（『朝日新聞』一九四四年八月一九日）。

住民を捕虜にさせない宣伝

その後、こうした「サイパン同胞の最期」を称える記事が続くことになる。婦女子など非戦闘員も米軍に捕われずに死を選ぶことが愛国心の表れとして称えられ、こうした認識に立てば、米軍に捕まる民間人は非国民と見なされるしかない。

一〇月一日（『朝日新聞』）にはテニアンとグアムで「全員壮烈な戦死　全在留同胞共に散華《さんげ》」という記事が掲載される。「重傷者悉く自決」し、民間人も義勇軍を編成して「男子は全員戦死」、「敵手に渡つて縄目の恥を受くるよりは」と「婦女子も自決」して「大和民族の最期を飾つた」と報道されている。

この四四年八月より突然、アメリカ人の残虐性を伝える報道が次々になされるようになる。『朝日新聞』で見ていくと、八月四日付に「見よ鬼畜米兵の残忍性　勇士の頭蓋骨冒瀆　太平洋戦線記念と弄《もてあそ》ぶ」という記事が掲載され、一一日付にはこの写真も掲載されている。これはアメリカで刊行されている雑誌『ライフ』に掲載されたもので、米兵が本国に記念品として送ってきた日本兵の頭蓋骨を机の上に置き、それを少女が見ているという写真であり、後で見るように米本国でも問題になった。

同じく四日には、「これが米鬼だ　重傷のわが兵士を逆さに生埋め　血を絞られた抑留邦人」と題された記事が掲載され、サイパンで重傷の日本兵を戦車で「ローラーで地ならしをするかのように押し潰してしまった」こと、ガダルカナルで負傷して捕虜になった日本兵が「赤裸にされた上鉄条網で簀巻《すま》きにされ波打際に頭から杭のように埋められていた」こと、ニューギニアではマラリアと重傷で身動きできない兵士が「針金で縛り上げられ河中に投じられた」こと、などの事例を挙げ、これらの戦闘員に対する行為は「序の口」であり、「彼等の野獣性からすれば抵抗力のない非戦闘員に対する方が却って甚だしい場合が多いのだ」と米兵の野蛮さを煽りたてた。八月にはアメリカ（兵）の「野獣性」という言葉を使った記事が多数掲載されており、こうしたキャンペーンがおこなわれていた。

これと同じ内容は、結婚した女性たちが読んでいた雑誌『主婦乃友』（四四年一二月号）でも取り上げられている（保坂廣志「戦前期日本の言論統制」『沖縄戦研究Ⅰ』一九三頁）。新聞『読売報知』においても（一九四四年八月八日）、「日本皆殺しを狙う米鬼を断乎滅せ」との見出しの下、「然《しか》し一度び今日の戦争において敗者とならんが、われらは残虐極まる米兵に生殺与奪の権を委ねて（中略）、いたいけな子供は親の手から引き離されて彼等のためになぶり殺され去勢されて遂に我等の意志を継ぎ得ず、愛するわれらの妻や娘や恋人たちは老若を問はず、すべて米鬼に暴行を加へられたあげく、最後に悪質の病毒を感染せしめられ廃人と化し去らねばならぬのである」というように、同じようなキャンペーンがなされていた。

このお土産にされた頭蓋骨の件は、雑誌『ライフ』四四年五月二二日付に掲載されたものだった（以下、米陸軍省資料より、RG165/Entry418/Box465）。すでに四三年九月の時点で、日本兵の歯で作ったネックレスや、頭蓋骨を削ってお土産にしようとしている写真が米国内で問題になっており、さらに同年末の一二月二七日付で、サンフランシスコの税関が、最近、多くの兵士や商船員らが戦利品として日本人の頭蓋骨を持ち込んできていること、いくつか自主的に放棄させて焼却したケースはあるが、税関上あるいは衛生上（きれいに洗浄されている場合）の理由では持込を禁止できないことなどを指摘し、礼節と礼儀の観点から、さらに敵の宣伝に利用されるかもしれない点から、何らかの対策を求める手紙を関税局長官に訴える手紙を出していた。

この訴えはすぐに軍に伝えられ、四四年一月には、軍中央でも問題にされた。陸軍省では、こうした行為が敵の死体を丁重に埋葬することを定めたハーグ条約に違反するだけでなく、日本からの報復を招くことを恐れた。そこで一月一八日に統合参謀本部より、太平洋方面の各軍に、頭蓋骨などを戦利品として持ち帰ることをやめさせるように指示がなされた。

しかしそうした行為はやまず、五月に『ライフ』の写真が掲載され、さらに六月一三日付の『ニューヨーク・ミラー』紙では、ペンシルベニア選出の下院議員が、太平洋戦線で殺した日本兵の前腕の骨から作ったレターオープナーを大統領にプレゼントしたことが報じられた。ただし大統領はそれを返却し、埋葬するように伝えたことも『ワシントン・ポスト』紙と『ニューヨーク・タイムズ』紙が報じて、事態の沈静化をはかった（ともに八月九日付）。

陸軍省は、六月下旬に太平洋方面の各軍司令官に調査をおこなうことと、そうしたことをやめさせる措置を取るように指示するとともに、新聞雑誌社に対してはそうした報道が報復を招く危険があると警告をおこなった。海軍省も太平洋艦隊に調査のためのスタッフを送り込んで対策をとった。

その後、日本が、さきに紹介したように国内でキャンペーンをはじめただけでなく、海外向け放送でも取り上げるようになったので、国務省も陸海軍にきちんとした対策を求めた（国務長官ハルより陸軍長官スティムソンへの手紙、四四年八月一九日付）。

その後の米政府内の対応がわかる史料が見つかっていないので、よくわからないが、まずはメディア対策もおこない、少なくともこうしたことが表に出ることはなくなったのではないかと推測される。

なお米軍による日本兵捕虜に対する扱いについては、特に太平洋戦線において初期の段階では、捕まえた日本兵をその場で処刑するなどの行為が多発したことは事実である。そういう点で、日本側の宣伝はまったくのウソではなかった。戦車で轢《ひ》き殺すという話については、ガダルカナルなどで蛸壺《たこつぼ》などに立てこもったりして抵抗する日本兵を戦車でひき潰していったことが生き残った日本兵から話が広まったのではないかと思われる。ただそれは戦闘中の行動であり、捕虜をまとめてそのようにして殺したわけではないだろう。

米軍上層部は、捕らえた日本兵を殺してしまうと日本軍の情報を取ることができなくなるだけでなく、投降しても殺されるとなると日本軍は最後まで抵抗を継続し、戦闘が長期化するだけでなく米軍の損害も増えてしまうこと、など米軍にとってマイナスになるとの判断から、捕虜を取ることが、戦友や自らの命を救うことになると前線の将兵に宣伝教育し、指導を強めていった。日本軍将兵や民間人に対する心理戦の点からも、米軍では捕虜や民間人を人道的に扱うことの重要性が強調され、沖縄戦は、そうした対策が組織的になされた作戦であったと言える。

沖縄戦では、捕らえられた日本兵や、兵士ではないかと疑われた成年男性が捕らえられてすぐに殺されたケースがいくつかあったし、米兵による非行・犯罪もあった。また民間人への空襲や、軍民混在のなかでの無差別砲爆撃など民間人まで犠牲にされる行為が多かったことも事実である。しかし捕まえた捕虜や民間人への組織的な残虐行為は、日本側が宣伝していたことに比べれば、はるかに少なかったと言えるだろう（『沖縄戦と民衆』10参照）。

さて話をもどすと、物資不足で紙も配給制となって新聞のページ数（四四年秋からは二

（表）

（裏）

図18　沖縄戦で配付された投降を呼びかける宣伝ビラ
（米国立公文書館）

〜四頁程度）も限られており、しかも厳しい検閲がなされていた当時、政府や軍の承認なしにはこうしたキャンペーンはできなかった。記事の材料も政府から提供されたとしか考えられない。事実、そうしたキャンペーンは政府によって意図的になされていた。

一九四四年一〇月六日に閣議決定された「決戦輿論《よろん》指導方策要綱」では、「極秘」とうたれたこの文書の最初の「方針」に「輿論指導は国体護持の精神を徹底せしめ敵愾心《てきがいしん》を激成し以て闘魂を振起することを目的」とすることをうたっている。具体的な「要領」の「(5)敵に対する敵愾心の激成」として「米英指導者の野望が今次戦争を誘発したる事実を解明し且《かつ》米英人の残忍性を実例を挙げて示し殊に今次大戦に於ける彼等の暴虐なる行為を暴露す」とされている（「雑誌指導資料」国立公文書館所蔵、アジア歴史資料センター、赤沢史朗ほか一八〇頁、内川芳美五二一―五二二頁）。

この要綱に基いて一二月五日内務省は言論集会の取締りにあたって、従来は「敵側の惨虐行為」などは「国民に与ふる思想的乃至風教的影響を顧慮し比較的強度の取締を実施」してきたが、今後は、たとえば「敵愾心の激成に関する事項」として「敵の惨虐性を暴露せるもの」などは検閲取締りを緩和し報道を許容する「措置概要」を作成している（赤沢ほか二〇三―二〇四頁）。

つまり米軍の残虐行為の宣伝について、国民に与える影響を考慮して抑えてきたが、今後はそれを緩和してどんどんやらせるという方針に変更されたということである。

憲兵司令部による「造言飛語（流言飛語）」取締りの月報を見ると、サイパンが陥落した七月中では、「サイパン島は全員玉砕したそうだ」「サイパンの幼児は敵に八つ裂にされ婦女子は辱しめを受けた後嬲《なぶりごろし》殺にされたそうだ」というような言動が憲兵隊によって摘発処分されている（南博九七頁）。しかし八月からはこうした内容の記事が新聞などに掲載されはじめたことを見ると、一〇月六日の閣議決定の方針は、実質的には八月から実行に移されていたと考えてよいだろう。

ところで、その憲兵隊司令部の月報を見ると、「在留邦人六百名は敵に降伏したそうだ」、「サイパン島の居住邦人は皇軍将兵の全員戦死後約八千名は米軍に抑留された」、「サイパン島に於ける我が十二歳以下の子供や戦争力のない老人や婦女子達が日本の兵隊さんが撤退して山の中に入ったので仕方なく白旗を掲げて米国に降参した」といったことを話した者が弾圧の対象になっている（七月から八月分、南博九七、一三一―一三二頁）。また「サイパンの皇軍が玉砕するに当って婦人全部を銃殺したそうだ。子供だけは殺さず気の毒に敵に引渡したそうだ」（南博一〇一頁）という流言も検挙送致されている。

つまり多くの民間人が米軍に「降伏」「抑留」されたことも、日本軍が直接住民を殺したことも、そうしたことを語ることだけで弾圧の対象とされ、隠されたことがわかる。そのうえで民間人もみずから進んで死を選んだことだけを大々的に宣伝していたのである。そしてさらに八月以降は、米軍の残虐性を「実例」を挙げて暴露するキャンペーンがなされたのである（川島高峰一六八―一七〇頁も参照）。米軍による残虐行為について、それ以前から私的なうわさとしては語られていたが、国家方針に基づく政治宣伝としてなされるようになったことは重大である。軍中央は、こうした宣伝を通じて、民間人も軍とともに死ぬべきであり、死ぬしかない、死ぬことこそが名誉であると人々に信じ込ませ、死へと誘導強制していったのである。

なおこうした軍中央の手法によって、各地の現場の軍においては、民間人も軍とともに「玉砕」すべきであるというのが軍や国家の考えであると理解したのであり、それを自らの現場の民間人に強制・誘導していったのは必然であった。軍中央は、自らは命令しないこととしていたが、そうした現場の軍の司令官や部隊長が、民間人に自決せよと命令を出してもおかしくない状況が生れていたのであり、また一般の民間人もそれが国家や軍の意思であり、それに従わなければならないと信じこまされるようになっていったのである。

住民をどう扱うか——教令にみる軍の方針

日本軍がアジア太平洋地域の民衆にどのように対応したのか、についてはその差別的な見下した意識、敵視、スパイ視など多くの問題があり、しばしば虐殺、虐待、拷問など残虐行為をおこなったことはよく知られている。沖縄の人々に対する不信感についてはすでに紹介したが、ここで問題にしたいのは、日本国民に対して日本軍はどのように見ており、対応したのかという問題である。自国の将兵の生命さえも軽んじた日本軍であるから、想像はできるが、あらためて検証したい。

『作戦要務令』のような典令の下位にあたる戦闘教令が、米軍を対象とした戦闘の準拠としていくつか作成されている。その最初のものが、太平洋諸島の島々を念頭において作成された、参謀本部・教育総監部『島嶼守備部隊戦闘教令（案）』（一九四三年一一月一五日）である（白井明雄二一頁）。住民の扱いについては、「第二十二」で、「皇軍の威武に悦服して各種の労役に服し或は警戒、監視に任じ或は現地自活に邁進し終《つい》には直接戦闘に従事し得るに至らしむるを要す　而《しこう》して不逞《ふてい》の分子等に対しては機を失せず断乎たる処置を講じ禍根を未然に芟除《さんじょ》する等之が対策を誤らざるを要す」としている。住民を利用しようとしながらも、敵に通じる「不逞分子」には断乎とした処置をとるという考え方であった。

サイパンなどマリアナ諸島が陥落した後の一九四四年一〇月に「廣袤《こうぼう》大なる島嶼及大陸に於ける沿岸要域の直接防禦」の教令として、参謀本部・教育総監部『上陸防禦教令（案）』が作成された。これは外地だけでなく本土における上陸防禦をも対象にして『島嶼守備部隊戦闘教令（案）』を改訂した教令である。当然、沖縄も対象に入る。

この「第百八十九」では「住民の利用如何は戦闘遂行に影響すること大なり故に守備隊長は之が指導に周到なる考慮を払ふと共に関係機関との連絡を密にして其の状況を明かにし各種の労役に服し或は警戒、監視に或は現地自治に任じ終には直接戦闘に従事し得るに至らしむるを要す　而して不逞の分子等に対しては機を失せず断乎たる処置を講じ禍根を未然に芟除する等之が対策を誤らざるを要す　外地に在りては先づ皇軍の威武に悦服せしむることに著意するを要す」とされている。

ここでは、「皇軍ノ威武ニ悦服」させるのは外地の住民だけに限定されているが、内容的には全く変わっていない。ほかの部分でも住民を利用しながらも住民に警戒し、特に「防諜ニ関シ住民ノ取締ヲ厳ニ」する点（第百五）など基本的な考え方はほぼそのまま踏襲されている。つまり「南方住民」＝日本人以外の現地住民を対象に作成された教令の内容が、日本本土を対象に含めて作成された教令においても基本的にほぼ同じ内容が継承されている。

なお本土決戦を想定して一九四五年七月に改訂された『上陸防禦教令（案）補遺』では「第百八十九」の全文が削除されているが、その理由はわからない。すでに全国民の戦闘員化が図られている状況にはふさわしくないという判断からかもしれない。

一九四五年四月二〇日に大本営陸軍部が出した『国土決戦教令』があるが、この中の「第十四」には、「敵は住民、婦女、老幼を先頭に立てて前進し我が戦意の消磨を計ることあるべし　斯《か》かる場合我が同胞は己が生命の長きを希《ねが》はんよりは皇国の戦捷を祈念しあるを信じ敵兵撃滅に躊躇すべからず」という項目がある。これは、住民の生命よりも戦闘で勝つことを優先する考え方を示している。

なおこれに続く「第十五」には「敵は住民を殺戮し、住民地、山野に放火し或は悪宣伝を行ふ等惨虐の行為を到る処に行ふべし」と書かれており、米軍は残虐なことをするという、恐怖心を煽る宣伝もおこなわれている。

大本営陸軍部が四月二五日に作成した『国民抗戦必携』では、「一億総特攻」「皇土を絶対に護持」することをうたい、国民に対して「挺進斬込に依つて敵を殺傷し軍の作戦に協力せねばならぬ」としていた。この直前の四月八日、陸軍大臣は「決戦訓」を示達し、

「皇軍将兵は皇土を死守すべし」と檄を飛ばし、「皇土は、天皇在《いま》しまし、神霊鎮まり給ふの地なり」と天皇の地を守るために命を投げ出すことを将兵に求めていたが、軍は民間人に対しても同じことを求めていたのである（防衛庁防衛研修所戦史室『本土決戦準備(1)』三三六頁）。こうした軍の方針が最初に適用されたのが沖縄だったと言ってよい。そしてこうした軍の考え方は沖縄だけでなく本土全体に対しても貫かれているものだった。

本土決戦準備と国民戦闘義勇隊

次に本土決戦準備についてふれておきたい。本土決戦準備においては、民衆を戦争の犠牲にしてやまない生命軽視の思想が極限に達したといってよい。

九州の薩摩半島の防衛を担当していた第四〇軍は、四五年七月三日に陽作命甲第九号を示し、その中の「住民関係事項」において「住民処理は『住民は軍と共に一身を捧げて国土防衛に任ずる』を第一義として行動し軍作戦行動を妨碍する者のみ戦場近傍安全地帯に移す如く指導す」とし、「註其の二」として「『避難』なる観念を去りて軍の手足《ママ》纏《まとい》となる者のみ邪魔にならぬ地域によけしむるの主義をとる」としている（防衛庁防衛研修所戦史室『本土決戦準備(2)』四二二頁）。

住民の避難については九州の防衛を担当していた第一六方面軍稲田正純参謀長の回想に

よると「二十年五月ころまでは、戦場の住民は霧島―五家荘（八代東方三〇粁《キロ》の山中）地域に事前に疎開するよう計画されていたが（軍の指示で各県が計画）、施設、糧食、輸送等を検討すると全く実行不可能であって、六月に全面的に疎開計画を廃止し、最後まで軍隊と共に戦場にとどまり、弾丸が飛んでくれば一時戦場内で退避することにした」（同前四二二頁）という。つまり疎開は断念し、国民は戦場に放置されたなかで本土決戦を遂行しようとしたのである。

沖縄戦が始まった一九四五年三月二三日、閣議は、「国民義勇隊組織に関する件」を決定、国民義勇隊の編成に乗り出した。当面は、防空、食糧増産、陣地構築などの労働動員が中心であったが、「状勢急迫せる場合は武器を執つて決起する態勢へ移行」すること、つまりいざとなれば「軍の指揮下」の「戦闘組織」に編成替えする（四月一三日閣議決定）ことが予定される組織だった。小学校卒業以上、男は六五歳以下、女は四五歳以下を動員することとされ、それ以外の年齢の者も「志願」すれば参加できることとされた。

これにともなって政府は、大政翼賛会とその傘下の組織を解散させることを決定し、六月一三日に大政翼賛会は正式に解散した。二二日臨時議会において義勇兵役法が制定公布、翌二三日軍令によって国民義勇戦闘隊統率令が制定され、国民義勇戦闘隊の編成がなされることになった。義勇兵役法によって、一五歳以上六〇歳以下の男と、一七歳以上四〇歳以下の女はすべて国民義勇兵役に服することとなった。なお一般の兵役はそのまま存在していた。ここに「全国民の軍隊化」が図られた。これは「日本ファシズムの国民動員体制の極限の形態」（藤原彰『太平洋戦争史論』一八五頁、一九〇頁）と言えるものだった。

沖縄戦の始まりとともに国民義勇隊、その終了とともに国民義勇戦闘隊の編成が決定されるという一致が見られるが、沖縄戦において、こうした「全国民の軍隊化」は法律制定に先駆けて実施されていたのである。さきに紹介した『国土決戦教令』などはこれに対応するものだった。沖縄に対する本土からの差別という要素は無視することができないが、沖縄に対する日本軍の姿勢は、それだけでは説明できず、やはり自国の国民であっても、徹底して利用しながらも不信の目で見て、死を強いていくという点で、沖縄戦は本土決戦の内容を先取りするものだった。ただし沖縄戦はおこなっても、本土決戦は土壇場で回避したという点に、その差別の構造が示されていると言うことはできるだろう。

なぜおきたのか

「集団自決」の構造

地域社会の支配構造

支配構造

筆者は、『沖縄戦と民衆』のなかで「『集団自決』の構造」と題して「集団自決」をおこなった集団の構造、すなわち地域の社会・支配構造を分析した（一八四―一九三頁）。従来、「集団自決」がおこされた理由などが一般的にしか説明されてこなかったのに対して、地域社会の階級階層別に分析したものである。そこでの議論は基本的にその通りであると考えているが、ここではその後、明らかになってきたことをふまえて、もう少しくわしく検討してみたい。

「集団自決」の典型的なケースは慶良間列島であるので、ここでは渡嘉敷島と座間味島を念頭において考えてみよう。地域社会の支配構造は図19のように示されるだろう。

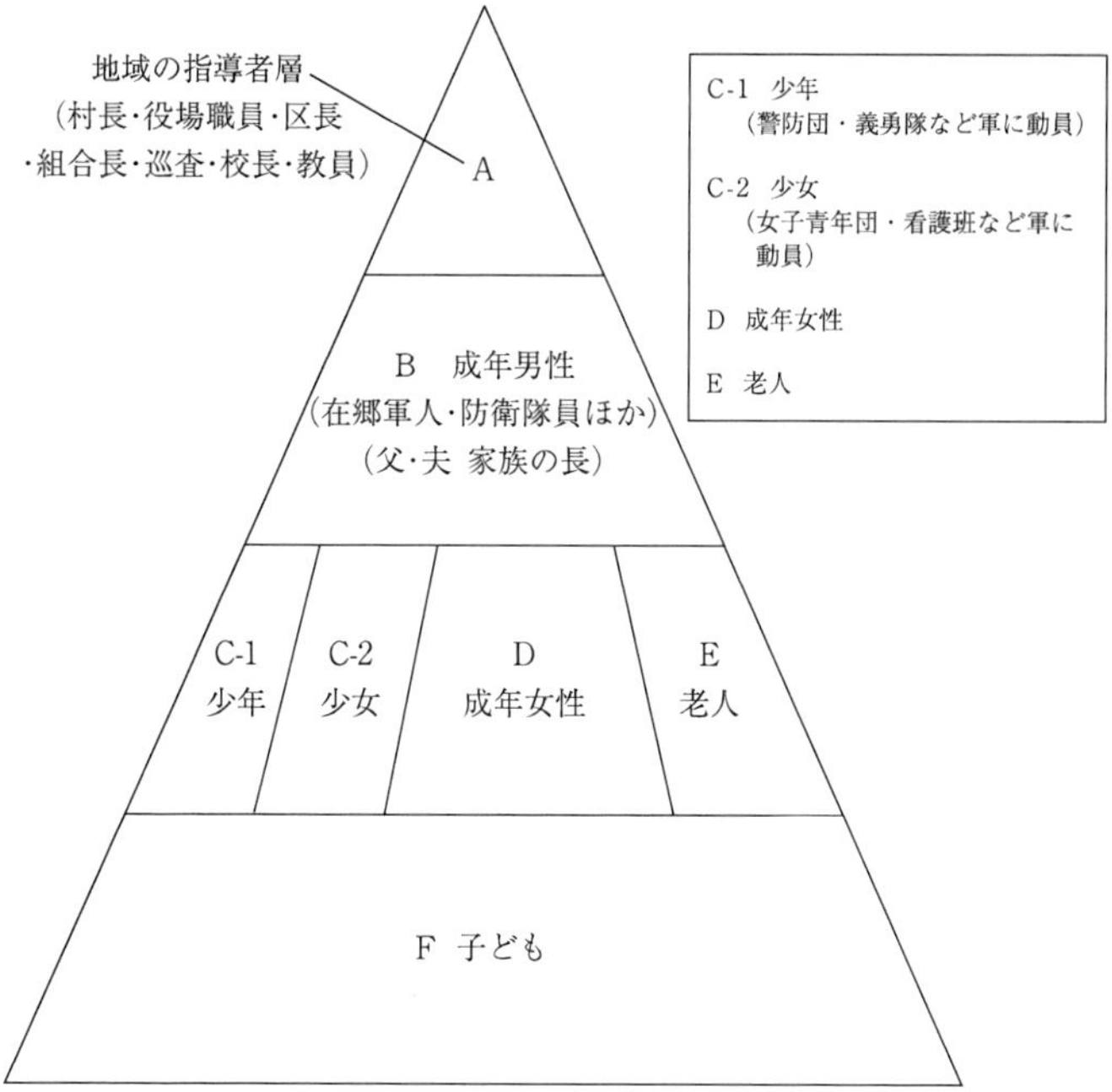

図19　地域の支配構造と階層

A　指導者層

地域の指導者層（支配層）。村長、役場職員、区長、組合長、巡査、国民学校長、教員などであり、ほとんどが男であると言ってよい。

B　成年男性

成年男性たち。戸主あるいは家長として家族の長であり、父であり夫でもある。在郷軍人も含まれ、防衛隊員として召集されていた者が多い。Aの下で地域社会を支えているサブリーダー層とも言える。

C1　少年

小学校（国民学校）を卒業した一七歳未満の男子少年たち。警防団や義勇隊などに組織されている者が多い。一七歳以上は防衛隊に召集されているので男子の場合、その年齢以下になる。

C2　少女

未婚の女性・少女たち。女子青年団員・看護班などに組織されている者が多い。女性には徴兵（防衛召集も含む）がないので年齢層はC1より少し上まで含む。

D　成年女性

大人の女性たち。多くの場合、結婚し、家長である夫または舅《しゅうと》の支配下に入っている。

E　老人

老人たち。BDとも重なるが、すでに隠居して家長ではなくなっている男性などが含まれる。

F　子ども

子どもたち。C1C2で組織された年齢以下の子どもたち。だいたい小学生以下。

地域の支配層であるAの下に、各家の長であるBがおり、その支配下にCDEFがいる構造である。CDE相互の間の支配関係は一定ではないので、ここでは横に並べている。Fは自分で意思決定できない人たちなので最底辺に置いている。

指導者層A

指導者層についてであるが、「集団自決」が始まる音頭をとったのが、渡嘉敷では村長であったし、座間味では村長や助役らの壕での「集団自決」がきっかけとなり、校長のいる壕では校長が主導したことに見られるように、この指導者層の決断が重要な契機となっている。かれらは一度は島から出て中等教育を受けていた者が多く、そのため近代沖縄における本土への同化政策、さらには皇民化政策を推進してきた層である。沖縄の文化や伝統は遅れたもの、日本本土（ヤマト）のものは進んだものとみなし、差別から逃れようとしてヤマトに一体化しようとする志向が見られる。それは一般に同化という言葉で表現される。

日本人になりきろうとする最も徹底した方策は、日本のため、天皇のために名誉の戦死を遂げることである。かれらは、日本国家あるいはその代表でもある軍の思想、論理を忠実に受け止め実践しようとする。これは近代以来の日本本土による沖縄差別が生み出した側面であり、「集団自決」の背景になっている。

かれらはまた行政機関の末端の担い手として、内務省など本土行政・沖縄県の指揮下で戦時体制作りの地域での中心となり、日本軍が来てからは軍に協力して軍官民一体の体制を作ってきた。徴兵事務、労働力の徴用、食糧などの供出、住民への教育・宣伝、あるいはスパイ防止・防諜などの名目での住民の監視、抵抗・批判者の摘発・弾圧など国家権力（行政・軍を合わせて）のエージェントとして住民を戦争に動員する役割を果たしてきた。

「当時の役場の職員といったら、とても怖い存在でしたので、絶対服従」（座間味下一九頁）の存在だった。特に孤立した離島では、こうした指導者層の地域社会における力は、本島と比べてもきわめて強かったと見られる。座間味島でも、「集団自決」がおこなわれたのは、役場のある座間味の集落だけであり、役場のない阿佐と阿真ではなかった。阿嘉島でもおきかけたが、結局おきなかったのは、役場がなかったために役場職員がいなかったことも影響しているのではないかと思われる（阿嘉島は座間味村である）。

ただし地域指導者たちの行動は沖縄の中でも地域によって異なる。沖縄本島や久米島などでは、駐屯する日本軍将兵の横暴や非行から、軍に不信感や反発を持つようになったケースも多い。そうした事例は『沖縄戦と民衆』のなかで多数紹介したが、そうしたところでは軍と一緒に死のうという意識は生まれない。慶良間では、軍官民一体化が米軍上陸時点で維持されていたことが決定的に大きいと思われる。

成年男性たちB

成年男性についてみると、兵隊に召集されてから帰ってきていた在郷軍人もいた。その中には中国戦線の経験者も含まれている。翼賛壮年団や警防団などに組織されていた者が多いが、沖縄戦前に一七歳から四五歳は多くが防衛隊に根こそぎ召集されていたので、かなりが防衛隊員になっていた。厳密に言えば防衛隊員は軍人であるが、防衛召集は「郷土は郷土の兵を以て防衛せしめ郷土愛の精神を昂揚す」という目的で作られたものであったので（陸軍省兵備課「防衛召集規則の説明要旨」公文雑纂昭和一七年第七七巻、アジア歴史資料センター）、地元に配属されていた。意識として自分たちの地域社会の一員でもあった。手榴弾の配布がかれらを通じてなされたことにも見られるように軍と住民をつなぐ重要なパイプ役であった。

この成年男性は、それぞれの家では、妻に対しては夫として、子どもたちに対しては父として、隠居した老人には戸主として、家の支配者でもあった。当時の日本は家父長制的*家制度であり、それに沖縄の男系家制度が加重され、戸主（男）の力が強かった。地域社会においてはAの前でB以下は服従せざるをえない状況があったと同時に、家父長制的な家においてはBの前ではC以下が服従せざるをえなかったと言えるだろう。またBはAの下で各種地域団体の担い手でもあり、地域社会の中堅層であった。したがってA・Bによって地域支配がなされていたと言ってよい。

＊ここでは家父長制という言葉で、明治民法下における家父長制的な家を念頭においているだけでなく、ジェンダー研究でこの言葉が使われるように、欧米あるいは戦後日本を含めて近代社会における家族のあり方を示すものとしても理解している。とりあえずは、大雑把に、男が家族の長となり、女性や子どもを管理保護する役割を持っているという家族のあり方として理解しておきたい。

防衛隊員については、『沖縄戦と民衆』で詳細に分析したように、軍人意識が希薄であり、戦場で逃亡あるいは戦線離脱する者が多く、米軍に投降する者も少なくなかった。急遽、防衛召集を受けて兵士にさせられたが、軍隊経験がなく軍事訓練をろくに受けたこともないまま労働力として使われた者が多く、きちんとした軍事訓練を含めて軍隊経験がなかった、あるいは乏しかったことが理由としてある。しかし、在郷軍人も当然防衛隊に召集されることになるが、慶良間のように在郷軍人が多い地域の防衛隊は、先に述べたような防衛隊とは少し様相が異なり、軍人意識が高い者がリーダーシップをとって他の防衛隊員を率いた可能性が大きい。

こうした成年男性たちが、「集団自決」にあたっては、家族を「自決」の方向でまとめ、手榴弾を爆発させる役割を果たした。また手榴弾が不発だったりして家族が死にきれない場合には、家長として刃物や鎌、斧、石、木、ヒモなど手元にある道具を使って家族を殺していく役割を果たした。民間人であっても敵の捕虜になるなという軍や政府の思想を受け入れさせられ、あるいはある意味で「納得」させられて、「集団自決」に手を下した。

かれらの意識を考えると、ある意味で家族、この場合は、成年男性を除く女性や子ども、老人たちを「守ろう」とした側面がある。つまり米軍に捕らえられて、残忍な扱いを受けて殺される、あるいは若い女性の場合は米兵に性的にもてあそばれるよりは、ひとおもいに殺した方がよいという意識である。金城重明さんが「愛」という言葉で表現していることがそれにあたる。家長として、家族を守ろうとする意識が、確実に家族を殺す方向に利用されたのが「集団自決」であった。そのことが、手榴弾が不発に終ったあとの事態をきわめて凄惨なものにした要因であった。男の家長が女子どもを管理し保護するという家父長制的な家における男の役割が、家族を殺す方向に利用されたのである。

ただしこの成年男性たちは一枚岩ではなく、そのなかには、指導者たちとは異なる意識、認識を持っている者もいた。特に移民帰りは、ある程度成功して帰ってきて、役場職員になったり、一定の発言力を持っている者もいた。かれらはアメリカなど外部の世界についての情報を持っていることが多く、軍への忠誠心が弱い者もいた。また日本の敗戦を実感するようになり軍や政府の宣伝を信じなくなっていたり、長期間にわたる日本軍の駐留のなかでそのひどさに不信感を持つようになったりするなど、ほかにもそうした人がいたことも事実で、渡嘉敷でも軍の近くに集まるとかえって危ないと判断して、別行動をとった人もいた。

少年少女たちC

日中戦争が本格化した一九三七年以降は、政府や軍、あるいは戦争に批判的な言論が許されず、日本全体が軍国主義化し、教育も軍国主義教育、あるいは沖縄ではいわゆる皇民化教育が進められていく時期になる。この時代に小学校から中等教育を受けて育った世代がＣ１とＣ２の少年少女たちにあたる。

沖縄戦の段階で一五、六歳の少年少女たちは、日中戦争が始まる前後に小学校に入学した世代であり、さらに高等科や中学校などに進学したのは太平洋戦争が始まってからになる。したがってそうした教育が最も徹底して叩き込まれていた世代にあたる。この世代の人たちの体験談を読んだり聞いたりすると皇民化教育の影響を強調しているのは、まさにその通りである。ただそれはこの世代に典型的に見られる特徴であり、ほかの世代にはそのままでは適用できないことにも注意しておく必要がある。またこの世代のなかでも、中等教育を受けている人たちは、小学校（国民学校）だけしか出ていない人たちよりも、軍国主義・皇民化教育がより徹底していたと言える。全体としては、お国のため、天皇のために命を捨てることを当然のこと、名誉あることと信じ、米軍の捕虜になるのは恥だと思い込んでいた世代でもある。

こうした一七歳未満の男子たち、特に一五、六歳の少年たちは、たいていの場合、警防団や義勇隊などに組織されており、軍と一体となって行動させられていた。「集団自決」に際しては、Ａ・Ｂの家長がいないときには、家族を殺す役割がこの世代の少年たちに与えられた。そのことがこの少年たちに残した心の傷跡は計り知れないものがある。

渡嘉敷の「集団自決」に際して、兄と一緒に、自らの肉親に手をかけた体験を証言している金城重明さんは、一九二九年二月生まれで、三五年に小学校入学、四一年に高等科に進学し四三年に卒業している。沖縄戦のときは一六歳だった。愛する家族が生き残ることは「最も恐れていた『鬼畜米英』の手に委ねて惨殺されることを意味した」ため、家族を殺すことが男の果たすべき役割だと考えていたからである（金城五四―五五頁）。そこまで信じ込まされていた金城さんが、「『集団自決』の悲劇をもたらした元凶は、明治以降、国家がほどこした『皇民化教育』という〝洗脳〟でした」とその体験記の冒頭に記しているのは、まさに痛恨の体験からにじみ出た実感であるだろう（金城一一頁）。

「敵に捕まるよりは、自分たちで自殺したほうが日本国民として、当然だし、それが天皇に対する忠誠であると当時はこれだけを信じていた」と証言している渡嘉敷の新垣守信さんも当時一六歳だった（沖縄タイムス社三六四頁）。

あちこちのガマで、こうした少年たちは、米軍が来ると、竹槍をもって立ち向かおうとした。ただシムクガマでは移民帰りの大人によって抑えられたことが知られているように、地域社会のなかでかれら少年たちは主導権を握ることはできず、賢明な大人がいた場合、その向こう見ずな行動が抑えられることが多かった。したがってこの世代は「集団自決」の従属的な実行者あるいは受容者ではあっても主導者ではなかった。

Ｃ2に含まれる少女たちの場合、Ｃ1の男子と同じ世代だけでなく、徴兵がなかったのでもう少し上の世代（独身者）も含まれる。彼女たちは、女子青年団に組織され、さらに看護班や炊事班などの形で軍に動員されていた。彼女たちの場合、軍国主義教育・皇民化教育が徹底していたことは男子と共通しているが、それだけにとどまらず、いやそれより

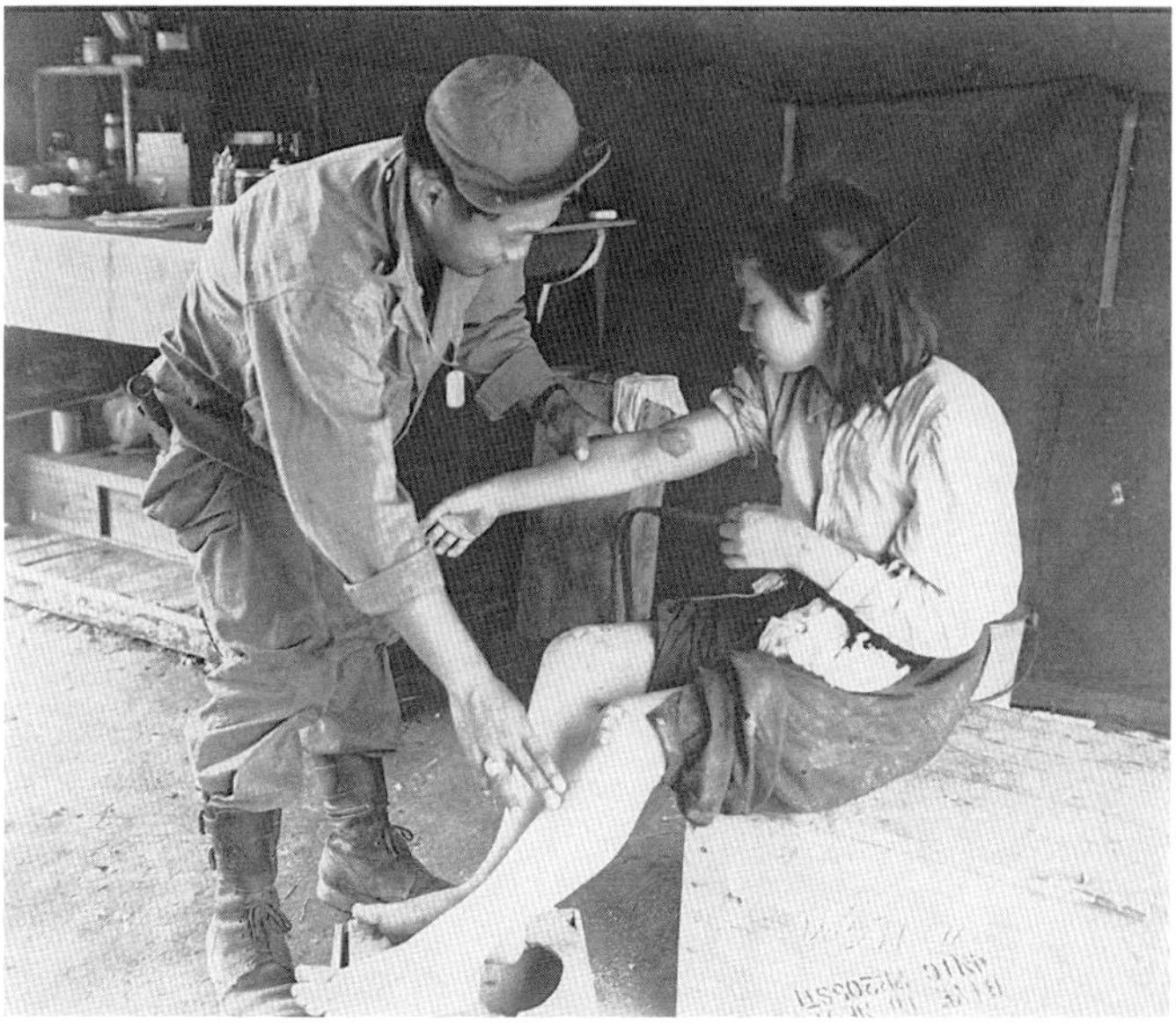

図20　保護された少女

(米軍のつけたキャプションでは「日本軍は住民に『米軍は住民を殺害する』と教えていたため，この少女は壕から出ることを恐れていた」とある．沖縄県公文書館提供)

はるかに、性暴力への恐怖を徹底して吹き込まれていた点で男子とはかなり異なっている。

米軍に捕らえられると、強かん・輪かんされる、性的にもてあそばれるという脅しは、さまざまな機会におこなわれたが、特に日本軍兵士たちからの話は深刻な影響を与えた。日本軍将兵や在郷軍人たちから、かれらが中国戦線でおこなった性的残虐行為をくりかえし聞かされたことは、米軍による性暴力が漠然とした可能性ではなく、きわめて現実的な、あるいは必然的なものと意識されることになった。

強かんへの恐怖だけでなく、米軍の慰安婦のようになるぞという脅しも恐怖心に拍車をかけた。日本軍の慰安所が各地にあり、事実、渡嘉敷島にも座間味島にも慰安所があり、朝鮮人慰安婦が連行されてきていた。慰安所に近づくことは憚《はばか》られたにしても、小さな島のことであるので、どういう場所かは理解できた。帝国軍隊として信頼している日本軍でさえ、こういうことをするのであるからには、鬼畜の米軍であればもっとひどいことをするに違いないという意識は若い世代の女性たちには、とりわけ深刻であった。

一九二一年七月生まれの二三歳で座間味村役場の職員だった宮城初枝さんは、米軍の空襲をうけ、上陸が近いなか、「いつも兵隊さんや在郷軍人の方々から聞かされていたように、『米兵に捕まると、婦女子はさんざん弄《もてあそ》ばれた上に刺殺され、男は道に並べられてローラーの下敷きにされてしまうのだ』という言葉が脳裏」をよぎったと手記に書いている（宮城晴美三六頁）。

慰安婦のようにもてあそばれるという脅しは沖縄の各地でなされていたことも忘れてはならない。沖縄本島中部の浦添《うらそえ》村の女子青年団長だった真喜志《まきし》清子さんは、艦砲射撃が激しくなってきたので家族とともに南部に避難しようとしたとき、兵隊から「自分の郷土は、自分の国として兵隊と一緒に守るべきではないか。特にあんたは女子青年団長として、責任がある。あんたが逃げたら残りの団員にすむか」と言われ、残らざるを得なくなった。その後、彼女たち四人は爆雷を抱えて斬り込みに出るように命令された。彼女がそのための鉢巻を作りながら泣いてしまうと、ある兵隊が「そんなに死ぬのが怖いのか」と言い、「生き残れる方法がある。昼、ここを出て行けば、アメリカ兵に抱かれて生きれる」と脅したという。幸い、部隊が島尻へ下がることになって助かった（浦添5・四一頁、一二九―一三〇頁、石原『証言沖縄戦』一一七―一二二頁）。

また看護婦だった平田波津美さんは、「女はとらわれると、慰安所に送られるといいきかされていた」と語っている（那覇『市民の戦時体験記』第1集、一八頁）。

師範学校女子部の教師であり、ひめゆり学徒隊の女子生徒たちを引率していた西平英夫さんの手記によると、六月はじめころ、南部にいたときに千早隊によって何枚かの『沖縄民報』（『沖縄新報』のことか？）が配られた。「中でも女子学生の心を強く捕えたのは捕虜となった沖縄女性に関する記事であった。それは『哀れ、無智なる女性の末路』というような題で、命惜しさに敵陣に走った女性がさんざんもてあそばれた末に軍艦に乗せられ、どこへ連れて行かれるかも知らないで毎夜のように悲しい挽歌を海上にただよわせている、哀れな彼女らはいずれ日本の特攻機によって艦もろとも太平洋の藻屑となっていくのだというような書きぶりであった」という（西平英夫一〇八頁）。

また軍属として糸数分室にいた玉城照子さんは、「壕の中で小さな新聞を見たような気がします。アメリカ軍に捕虜になった沖縄の女性が、この島を取り巻いているアメリカの軍艦に連れて行かれて、夕方になるとその船から沖縄女性の悲しい歌が聞えてくるということでした。私達はますます恐ろしくなり、捕虜になる前に死んでしまいたいと恐怖の念にかられました」と語っているのは、この新聞のことかもしれない（長田紀春ほか二九一頁）。このように米軍に捕まると性的にもてあそばれるという脅しは、個々の将兵からなされていただけではなく、かなり組織的な宣伝としてなされていたようである。

この世代の少女たちの場合、そうした教育宣伝を受けていることに加えて、軍人にはなれないことから、軍によって動員され軍と一緒に行動することが女であってもお国のために尽くせるのだと、軍と一体感を感じている側面もあった。女性差別社会のなかにあって、軍に協力することが男と同様に一人前にお国のために貢献できる機会と考え、自己を軍と一体化させてしまうのだ。そのことが「自決」を受け入れさせることにもつながった。沖縄差別がヤマトとの一体化に駆り立てる要因となったことと共通する側面があり、差別の構造が支配者によって利用された点を忘れてはならない。

女性たちD

地域社会のなかで人数としてはかなり多いのが、大人の女性たちだった。結婚し子どもを持つ母親が多かった。彼女たちは、地域社会の指導者たちや家長の支配下にあり、地域社会の集団の意思決定において発言権はなかったし、ABの男たちの意思に抵抗あるいは異議申し立てをすることはできなかった。そのため、「集団自決」をおこなおうという指導者たちの行動に従って、つまり女性差別の構造のなかで地域社会の指導者たちの決定に従わざるを得ず、「集団自決」を強いられた人々であるとも言える。男たちが爆発させた手榴弾の犠牲になるか、ABあるいはC1によって殺されていくことになる。ただ彼女たちが「集団自決」を受け入れさせられていく理由としては、残虐な扱いを受けて惨殺されるという恐怖心が大きかったことは指摘できる。

さて、そうした男たちがいないとどうなるか。たとえば慶留間島において、一〇人くらいで山の中を逃げているとき、みんな死んでしまったから自分たちも一緒に死のうという話になったとき、二、三人の子どもを連れたおばさんが「私はこの子たちに手をかけることはできない。首をしめて死ぬよりは焼け野原にすわっていて米兵に殺されるのを待っていよう」と言ったことから「それでは生きられるだけは生きてみようという事になった」という（中村米子さんの証言、沖縄県史10・七二八―七二九頁）。自分たちでは死に切れないから米軍に殺されようということが、助かるきっかけとなったのである。

母親の場合、子どもたちを死なせたくない、殺せないという思いも強く、地域社会の強制力が緩んだときには、独自の行動をとることがある。チビチリガマで子どもたちを連れて外に出て助かった母子が少なくない。地域社会の規制力が弱まったときにはじめて彼女たちは生きようとする選択をとることが可能になった。

なお宮城晴美氏は、毛遊《もーあし》び（農村などの若い男女が野原《もー》などに出て、三線《さんしん》、歌、踊りなどで夜間遊ぶこと）に見られるような沖縄の緩やかな性風俗が、同化政策のなかで不道徳な風習として禁止され、独身女性に厳しい性道徳、つまり貞操観念が強調されていったことを指摘し、そうした家父長制的な性道徳の浸透が、米軍による性暴力への恐怖を一層駆り立て、若い女性たちに死を強いていったことを指摘している。「集団自決」の犠牲者の多くが女性であったことを見ても、「集団自決」を受け入れさせられた側の意識として重要な指摘であると思われる。

老人Eと子どもたちF

老人たちの存在は、男女ともに下の世代とは少し異なっているように見える。沖縄県全体の統計から見ると、沖縄戦時点で六〇歳の男性では約三分の二が、四五歳の男性では約三分の一が小学校も卒業していなかった。六〇歳の男性たちが徴兵検査を受けた二〇歳のとき、読書算術がまったくできない者が五六%もいた（林一八七―一八九頁）。女性の場合、もっと就学率が低いことは言うまでもない。つまりこの層は、小学校教育もあまり受けていないし、まして一九三〇年代後半からの皇民化教育などまったく受けていない層である。

渡嘉敷島の阿波連集落では、山中の集合地までとても逃げられないと家に残って、米軍に保護されて助かった老人たちがいる。ただ阿嘉島でもそうした夫婦が集落に残って米軍に保護されているが、その後その二人は日本軍によってスパイとして処刑されている。

こうした老人たちは、家族が手榴弾で自決しようとしたときに、やめさせることも少なくなかった。浦添村の安和芳子さんは兵隊から手榴弾を渡され、爆発のさせ方まで教わったが、七七歳の祖父から「ご先祖様にすがって命を守って頂くようにするんであって、こんな物はすぐに遠くへ捨てて来なさい」と言われ、その後、米軍がガマに来て、出てこいと呼びかけたとき、年寄り三人が先に出て、それから全員が出て助かっている（浦添5・

図21　阿嘉島の老人夫婦
（のちに日本軍によって虐殺される．沖縄県公文書館提供）

一六二―一六三頁）。

阿嘉島で自決しようとしたときに、祖母が、防衛隊に行った次男と一緒に死にたいと言って、その場から立去り、それがきっかけで自決をやめたという話がある（兼島菊江さんの証言、謝花一八五―一八六頁）。座間味ではある老人から「ウランダー（オランダ人の意が転じて西洋人を指す）は男は殺すが女は殺さないから心配するな、あなた方はこっちに入っていなさい」と壕に入るように言われたこともあった（宮里ナヘさんの証言、沖縄県史10・七五〇頁）。

ガマに米軍が来たとき、老人が先に

出て行き、その結果、全員が助かったケースがいくつもある。老人にはひどいことはしないだろうと考えたケースもあれば、殺されるかもしれないと恐れていても年取った自分が先に死んでもかまわないと一縷《いちる》の望みを託して出て行ったケースもあるようだが、米軍の捕虜になることが恥だという意識は希薄であったようである。宮城晴美氏が座間味において、「無学文盲の年寄りだけが、米兵を見ても逃げもせず、子どもを殺そうとする嫁や娘から孫たちを奪いとって守りとおした」と書いていることもそうした例である（宮城晴美「同化政策の結末」五五頁）。

このEの人々も、地域の指導者たちには逆らえないが、その規制が弱まったり、なくなったときには、生きようとする選択が可能になった。かれらも軍や指導者たちによって「自決」を強いられ、あるいは巻き込まれた人々であったと言えるだろう。

最後に子どもたちがいる。かれらは自らの意思で「自決」をするなどという決断をできなかった人々である。軍と地域社会によって死を強いられた。ただ教育を受けていないので、自決しようという家族の状況に対して素直に死にたくないと言うこともあり、その子どもの言葉ではっと目を覚まして自決をやめたこともあった（米須四七一頁）。

「集団自決」は、軍の絶対的な支配下において、軍は地域社会の支配構造を利用して地域住民に死を強制し、地域社会においては指導者たちが主導しながら、自分では死に切れない者たち、特に女性や子どもたちを確実に死なせる役割が、各家の男たち（家長とそれをつぐべき青年男子）に与えられた。D・E・Fの層は、軍と、天皇制国家の地域支配・家制度によって死を強いられた人々と言ってよい。「集団自決」の犠牲者が多かった慶良間は、離島で地域社会の規制力が強く、そのうえに軍が地域社会をがっちりと統制していた地域であった。

自決を思い留まった理由

D・Eの人々は、たとえば、米軍に捕まると殺されないどころか食糧を与えられて親切にしてくれるというような情報が伝えられると「恐怖心」が除去あるいは軽減され、「脅迫」がなされないような状況（日本軍がいない、あるいは軍の論理を体現した指導者がいない）になれば、「集団自決」とは違う行動を取ることが可能になる。そのことはA・Bでもそうであったと言える。

また島あるいはガマという閉ざされた空間のなかで、外の人々はみんな死んでしまい、自分たちだけが取り残されてしまったという孤立感が「自決」を促す要因として指摘できる。「集団自決」をおこなった人たちは、日本軍はもうこれで「玉砕」するのだ、島民もみんな死んでしまったか、死のうとしている、もはや生き残っているのは自分たちだけだと思い込んでいることが多かった。みんな死んでしまった以上、自分たちも死ぬしかないと考えたのである。だから渡嘉敷や座間味でもほかに島民が生きていると聞いたり、日本軍が全滅していないことを知ると、もはや「自決」しようとは考えなかった。

「集団自決」に際して家族に手をかけ、自分たちも敵に斬り込んで死のうとした金城重明さんは、全滅したとばかり思っていた日本軍と出会い「大きな衝撃」を受けた。日本軍への「不信感と憤り」がこみ上げてきて、「このとき、軍との連帯感は音を立てて崩れ落ちた」という。そしてさらに次に「他の住民が生き残っていることを知らされた時、第二の衝撃を受けました」と振り返っているのは、そうした理由を裏付けている（金城五六頁）。

Ａ・Ｂの階層の人々の場合にも、『沖縄戦と民衆』の「６　生き残ろうとする人々」のなかでくわしく紹介したように、日本軍が駐留するようになってからの日本軍の横暴や暴力、差別を受けて日本軍への反発を強め、軍とともに死ぬことを拒否した人々も少なくない。

「集団自決」の全般的要因

ここでこれまでの議論を整理する形で、なぜ「集団自決」が引き起こされたのか、その理由を整理してみたい。まず全般的な要因を挙げてみよう。

捕虜になることは恥

第一に、住民に対しても、捕虜になることは恥であり、捕虜になるくらいなら一人でも敵を殺して自らも死ぬか自決せよという宣伝・教育がくりかえされていた。本来、捕虜になるのは軍人であって非戦闘員である住民は捕虜にはならないはずだが、住民も捕虜になるのは恥辱であるということが、教育や行政機関、新聞、さらには日本軍将兵からくりかえし叩き込まれた。皇民化教育はまさにこれにあたる。これは階層別に見ると、皇民化政策を推進したAと、その教育をまともに受けたCに強い影響力を持っていたといえる。

ただし、役場の幹部、言い換えれば地域の指導者たちが主導した地域ぐるみの「集団自決」は、慶良間でしか起きていないことを考えると、同化志向を持った沖縄の地域の指導者たちが、みな同じような行動をとったわけではない。したがって、この側面をあまり過大に評価することはできない。従来の議論は、この点があまりに強調されすぎてきたと思われる。慶良間は、特攻艇の秘密基地であるという、かなり特殊な状況下で、軍の濃密な支配が作られたこと、その下で、こうした志向を持つ地域指導者が利用され、またかれら自身も受け入れていったと見るべきだろう。

なお、ある程度上の年齢層や大人の女性ではあまり教育を受けていない人々も少なくないし、そもそも皇民化教育は一九三〇年代後半からの数年間でしかないので、それを受けている世代は限定される。

米軍による残虐行為への恐怖

第二に、米軍に捕らえられると、男は戦車でひき殺され、女は辱めを受けたうえでひどい殺され方をするとくりかえし宣伝・教育されていたことである。民家に分宿していた日本軍将兵たちは、日本軍が中国で自らおこなった強かんやさまざまな残虐行為について語った。住民にとっては、皇軍でさえそれほどひどいことをするのならば、鬼畜である米軍はどんなひどいことをするかわからないという恐怖心を煽る絶好の機会となった。強かん・輪かんの脅しは、若い女性にはとりわけ深刻な影響を与えたと見られる。米軍に捕まえられるくらいならば、むしろ自ら死んだ方がよいという意識が叩き込まれていった。この脅しは、子どもは別としても、すべての階層に強く浸透していたと言ってよい。

こうした宣伝の例は、これまでに紹介した多くの証言で明らかであるが、「捕虜になったら、鎖を手のひらから通されて、船の底につながれ、魚の餌にされるんだ」（読谷下六三二頁）、「男の人は耳や鼻を切ったりしてから、女は強姦されてから戦車で敷き殺す」（北《ちゃ》谷《たん》5・二二八頁）、「男は耳や鼻を切り落とされ目玉をくりぬかれたりしてから殺される」（読谷下四六〇頁）などさまざまなバリエーションがあった。

ところで米軍は南太平洋方面での戦闘以来、日本軍の捕虜を尋問し、あるいは日記など押収文書を分析し、日本人の意識分析をおこなっていた。その詳細を述べる余裕はないが、沖縄戦の経験を含めて米軍の判断は、日本兵が投降しようとしないのは、捕虜になるのは恥辱であるという観念も一つの理由としてあるが、それより大きいのは、米軍に捕まると虐待され無惨に殺されるという恐怖からであると分析していた。つまり、この第二の点が最も重要な要因であると考えていた。

なぜ投降しないのか

米軍は日本の民間人の意識分析もおこなっていた。サイパンで捕らえた民間人に対する意識調査では、「捕らえられたときにどのように感じましたか」という質問に対して、「恥ずかしかった」七九人に対して、「怖かった」が三四八人（その他一〇五人）と大きく上回っていることなどから、「民間人が投降することを妨げている理由は、愛国的な熱情よりは恐怖である」という分析をおこなっている（サイパン島司令部G2による分析、林博史「サイパンで保護された日本民間人の意識分析」）。

沖縄戦においても住民が日本軍と一緒に米軍に立ち向かってくることを恐れていたが、予想していた日本人の「狂信主義」はほとんどない。全般的に住民は狂信的というよりも受動的であり、命令を無条件で受け入れることに慣れているというような分析をおこなっている（四五年五月一〇日付の軍政報告書、林三五四頁）。恐怖心は、米軍が住民を保護することによって取り去ることができたのである。

三月二六日に慶留間島に上陸した米軍は、その日の午後五時現在の陣中日誌の記述のなかで、「住民たちは、殺されないことがわかると、人間的な扱いに好意的な反応を示し、協力的になってきている」と記している（野砲第三〇四大隊「部隊日誌」）。米軍上陸後、数時間において住民の対応が変わってきていることがうかがわれる。

慶良間に上陸した米軍の報告書には、住民のなかには「山に逃げて、自決したものもいたが、戦闘が終結し親切な扱いを施されると、喜んで戻ってきた。短期間に、かれらは物分り良く、協力的で満足するようになり、恐怖は感謝の念に変わった。幾人かは、捕らえられないように家族を殺したことを率直に後悔し、多くの者が山にもどってほかの民間人に真実を話し、かれらもまた生きて家に帰れるようにしたいと頼んできた」と記されている（歩兵第七七師団「G2サマリー　慶良間列島」一九四五年四月二日）。

捕虜になることは恥辱であると信じ込んでいれば、米軍が親切にしたとしてもその意識は消えないはずだろう。教育は一部の層には浸透していたかもしれないが、多数の住民に捕虜にならずに死ぬように強いた最も強力な材料は、やはり恐怖心であったと言ってよい。

沖縄出身兵たち、特に三〇代、四〇代の防衛隊員たちが日本軍の上官たちからよく言われていたことは、もし脱走すれば家族を皆殺しにするという脅しだった。お国のために命を捧げることは名誉なことだというようなものでは押さえがきかなかった。敗北を前にしていた日本軍が、その組織を維持するためにはそうした脅迫と強制に依存するしかない状況が生まれていたのである。

なお脱走したり捕虜になると、残された家族が警察などから迫害されるだけではなく、非国民の家族として地域の人々から侮蔑、嘲笑、村八分など迫害を受けることへの恐れが、多くの日本兵を束縛していたことも忘れてはならない（佐藤忠男一三二―一四六頁）。硫黄島で生き残ったある海軍兵も捕虜になると「〝国賊〟扱いにされて、戸籍謄本なんかにも赤くバッテンが書かれてしまう」という教育を受けてきたと語っているのも同じことである（ＮＨＫ取材班一七四頁）。米軍に捕らえられると殺されるということだけでなく、家族が非国民として迫害されると脅され信じ込まされていたのは、沖縄の防衛隊員も、本土の日本兵も同じである。

軍官民共生共死の一体化

第三に、上記の点とも重なるが、米軍に投降しようとする者は非国民、裏切り者と見なされ、殺されても当然であるという意識が植えつけられ、しかもそれは単なる脅しではなく、実際の戦場の中で、投降しようとする者を日本軍が殺害することがあちこちでおこなわれたことである。米軍に捕らえられることは、米軍からひどい目にあわされて殺されるという恐怖と同時に日本軍からも殺されるということ、つまり両軍から殺害の対象にされるという意識が植え付けられていった。座間味、渡嘉敷、阿嘉など慶良間の島々でも米軍に保護されたり、住民に山から下りるように呼びかけた人たちが日本軍に殺されている。

第四に、「軍官民共生共死の一体化」が叫ばれ、日本軍とともに住民も玉砕するのだという意識が叩き込まれていたことである。慶良間列島での「集団自決」に共通してみられるのは、これで日本軍は「玉砕」するのだからわれわれ住民も一緒に「玉砕」するのだという意識である。「集団自決」という言葉は戦後の造語であり、当時の人々は「玉砕」と言っており、軍隊と民間人の区別がない使い方をしていたことからも、その一体化の状況がわかる。外からは遮断されていた離島では、そこに駐屯している日本軍の「玉砕」のときが、住民の「玉砕」のときと認識されていた。

沖縄本島での「集団自決」のケースを見ると、チビチリガマやカミントゥガマのようにガマのなかのケースが多い。これは外界から遮断されて、この島で生きているのはもはや自分たちだけしかないという孤立感が極端に強まっていたことが指摘できるだろう。

軍による手榴弾配布

第五に、あらかじめ日本軍あるいは日本軍将兵が住民に手榴弾を配布し、いざというときはこれで自決せよと命令あるいは指示・勧告していたことである。日本軍の権威が絶大であった沖縄、特に慶良間のような離島では、日本軍将兵から言われることは命令以外の何物でもなかった。この手榴弾が多くの場合、

「集団自決」の引き金として使われている。渡嘉敷島の場合は、軍が組織的に手榴弾を配布していたし、座間味島では多くの日本兵からさまざまな機会に多数の手榴弾が住民に配られていた。

軍ならびに国家総体の意思として、民間人であっても捕虜にならずに、いざという場合は自決せよという意思が明確になっているなかでは、個々の将兵が住民に手榴弾を配って自決せよと促すことは、不思議なことではない。しかし、米軍との戦いを前にして武器弾薬が限られているなかで、多量の手榴弾が住民に渡されるということは、各部隊の隊長や将校下士官らの責任が問われる行為である。小銃一つが、天皇陛下から渡されたものとしてその保管、手入れが厳しく指導されている日本軍にあって、大量の手榴弾の配布は、軍の組織的な行為と見なされるべきだろう。民間人を「集団自決」あるいは個別の「自決」に追い込んでいくうえできわめて重要なポイントが、軍による手榴弾配布だった。

軍命をめぐって

第六に、渡嘉敷と座間味の住民が「集団自決」するきっかけとなっているのが、「軍命」が下されたと聞いたことである。もちろん米軍上陸前後の時点において日本軍の部隊長がその命令を出すのを誰かが直接聞いたのか、という点についてはわからない。ただ確実に言えることは、「軍命」が下されたと伝えられたとき、その軍命に従って自決するのが当然であると信じ込まされていたことである。それは住民が勝手に思い込んだのではなく、いざという場合には軍とともに死ぬのだという意識が、長い期間をかけて叩きこまれていたのである。

またすでに述べたように、さまざまな機会に日本軍将兵から、いざという場合には自決するように言われており、手榴弾も渡されていた。そのことを軍の命令だと人々が理解していたのは当然だった。伊江島のケースでは、防衛隊員たちが家族に合流して、かれらの持っている手榴弾などで「集団自決」がなされたことを考えると、軍による行為と見なすことができる。

座間味島では、助役兼防衛隊長が日本軍から自決せよとあらかじめ命令を言い渡されていたということが助役の妹の証言で明らかにされた。いざという場合には住民は自決せよという軍の意思がなんらかの形で伝えられ、助役はそれを軍命と受け止めていたことは間違いないだろう。ただそれがいつ、どのような形、どのような言葉で伝えられたのかは、いまとなってはよくわからない。

しかし日本軍ならびに日本国家全体として、民間人であっても軍とともに玉砕するのが当然であるという国家意思が軍官民の上から覆いかぶさってきていたとき、戦隊長や将校らによる、住民の自決を示唆するようないかなる言動も巨大な国家意思による命令と受け止められる状況にあった。個々の将兵による自決の指示、示唆もそうした命令と受け止められる状況にあった。

民間人と軍事機密

日本軍は、なぜこれほどまでに住民が米軍に捕まることを恐れていたのだろうか。すでに紹介した軍中央の方針に加えて、沖縄の状況があった。日本軍が沖縄にやってきて以来、飛行場建設や陣地構築などに住民を労務動員させた。また日本軍はしばしば民家に分宿し、将兵と住民が同じ家、あるいは同じ屋敷地に混住した。こうしたことから、陣地内部の状況や日本軍の構成などの軍事機密について、多くの住民がかなりの情報を知りうる状況にあった。慶良間では特攻艇Ⓛは、軍事機密であり、その機密保持には非常に気を遣っていたが、多くの島民はⓁの秘匿壕の建設にも駆り出されていたし、そのⓁのことを知っていた。慶良間でとりわけ防諜対策が厳しかったのはそのこととと関係がある。

このように民間人であっても軍事機密をよく知っていた（あるいは知りえた）住民が米軍に捕まると、そうした軍事機密が米軍に漏れる危険性があった。さらにそこに沖縄の住民に対する軍の不信感が重なった。すでに紹介したように、もともと日本ではなかった沖縄の住民に対する軍の不信感は強く、そのうえ移民帰りや、家族が移民でアメリカなどに行ったままの者も多く、米軍のスパイになりやすいと考えられた。そうした住民は米軍に捕まると、軍事機密をしゃべってしまうだろうという恐れは一層強まった。だからなおさら、かれらが捕虜になっては困るのだった。日本軍がしばしば住民をスパイ視し、虐殺したことと「集団自決」に追い込んだことは表裏一体のことなのである。

日本軍が来るまでの段階は、行政・警察・教育などによって銃後の戦時体制が作られていた。人々の政府や戦争政策への反対・疑問の声を封じこめ、批判的な人々を徹底して弾圧し、二度とそうした言動を行わないように監視する。住民をさまざまな組織に組み込んで戦争に動員し、配給制度に見られるように、それに協力しなければ生活していけない体制を作り出した。さらに積極的な協力を引き出すための教育、宣伝などを強めた。こうした戦時体制を作っていったのは、内務省を頂点とする行政機関（警察も内務省の管轄下、道府県も同じ）だった。教育という点では文部省、思想治安対策では司法省の役割も大きかった。弾圧を支えた裁判所も重要である。

こうした銃後の戦時体制が作られたことを前提にして、さらにそのうえに、日本軍が来てからは、最前線における、つまり戦場における戦闘体制が作られていった。そこでは軍官民一体の体制作りがなされ、住民も戦闘員化された。「戦場に不要の人間が居てはいかぬ」、餓死するからと言っても食糧はやらないと長勇軍参謀長が宣言したのは、そうした戦闘体制作りの一環として理解できる（『沖縄新報』一九四五年一月二七日）。ここでは戒厳令は敷かれなかったが、軍が県などの行政機関の上に立って、行政を動かす状況になった。特に物理的強制力である軍事力を持つ軍は、沖縄全体が戦場化するなかで絶対の力を持つようになった。

人々の抵抗や不満を弾圧し、戦争に動員していくうえで行政・警察・教育などの果たした役割をきちんと批判的に取り上げることと同時に、そのうえに軍が果たした決定的な役割を見ること、そうした視点が必要であろう。だからこそ筆者は、『沖縄戦と民衆』において、軍にだけ責任を押し付ける議論を批判し、行政や警察などの役割を指摘しながらも、最終的に人々を「集団自決」に追い込んでいったものは、日本軍の強制と誘導であったと結論づけたのである。

いくつかの要因をめぐって

これまで見てきたことから判断して、皇民化教育などの第一の要因はベースとしてあり、一部の階層には大きな影響を与えていると言えるが、それだけでは「集団自決」を引き起こすとは言えず、その影響は階層によってかなり異なっている。むしろ第二以下の要因が大きいことがわかる。「集団自決」をひきおこした原因として、何よりも皇民化教育を挙げる理解の仕方があるが、それは必ずしも適切ではない。

「集団自決」は簡潔に言うとすれば、日本軍の強制と誘導によるものと言えるだろう。もちろん行政や教育の果たした役割を無視すべきではないし、かれらの責任を免除できるわけではないが、人々が「死ぬしかない」「死のう」と決意させるまでに、そしてそれを実行させるまでに追いつめたものは、日本軍の存在であった。

ここで考えておかなければならないことは、なぜ沖縄の圧倒的多くの地域では「集団自決」がおきなかったのか、という点である。

慶良間や伊江島の場合、小さな離島であるという条件が大きい。閉された空間に、濃密な軍の支配がなされた場所である。地域社会が丸ごと軍に利用された。ただ「集団自決」が起きるのは、時間的にも空間的にもかなり限定されており、そこで死ななければ、その後、再び「集団自決」を実行することはほとんどない。「集団自決」は、きわめて極度の緊張と集中のなかで、ある一点で起きる、極限化した出来事であると言える。そうした状況が生れるうえで、日本軍の存在と役割は決定的であった。

沖縄本島での軍による支配もきわめて濃密かつ強力であったと言えるが、慶良間列島と比較すれば、慶良間ほどの閉された空間での濃密な軍支配はなされなかった。少なくとも逃げ場がある（より正確に言えば、逃げ場があると思える）ところでは「集団自決」は起きない。本島というある程度の広さのある空間では「集団自決」はおきにくい。ただガマの中は、閉された空間、外部の情報が入ってこない空間になりうる。ガマの中にいる人々の集団が一時的な共同体になり、そこで「集団自決」がおきうる。

日本軍がいなかった島や地域では、住民たちはその内部でさまざまな葛藤や対立がありながらも、米軍に集団投降して助かったケースが多い。あるいは集団投降しなくても、少なくとも逃げている（ただし南部に逃げて亡くなったケースは多い）。チビチリガマはかなり特殊なケースと考えたほうがいいだろう。

集団自決と自決の区分

多くの人々を同時に「自決」に追い込むうえで、地域社会の役割が大きい。「集団自決」がおきているガマは、同じ字の人々が集まっていたところである。「集団」という言葉がつけられているのは、一定の規模を意味している。本書ではそうした地域社会と家父長制的な家制度を介して、軍によって強いられたものとして「集団自決」の特徴を論じてきた。軍の支配・強制の下で、軍に忠実な地域の指導者たちの地域支配、さらに家族単位で死を確実にさせるために家父長制的な家における家長（男）が利用されて、地域住民の「自決」が強要されていった。そうしたことによって大規模な「集団自決」がおこされたのである。

ただ個人単位あるいは家族単位、何人かのグループ単位の「自決」も特に、戦場となって軍民が混在した南部で多発している。この場合もたいていのケースで、日本軍から渡された手榴弾が使われていることなど、「集団自決」の理由としてあげた全般的な理由のほとんどがあてはまる。ただ地域社会からの拘束が解体している状況であるので、その個人あるいはグループを構成している若干名の経験や意識、その他の偶然的な要素によって左右されることが多かったように見受けられる。偶然的な要素というのは、たとえば、戦闘状況、どのような日本兵あるいは民間人と一緒にいたのか、も含まれる。

皇民化教育を最も徹底して受けていた一〇代の若い青年男女のグループは、「自決」する危険性が高い集団であったと言える。ただかれらも、その指導者の言動によって、左右された。たとえば、第二四師団の第二野戦病院に配属された積徳高等女学校の生徒たちの場合、南部の糸洲《いとす》で解散命令が出されたとき、病院長の小池勇助軍医少佐から、「どうか生きのびて」ほしいと「涙ながらに言い聞か」せられ、「捕虜になった場合は、従軍看護婦といわず、女学生だと答えなさい」と捕虜になってもよいと話したという（山川泰邦一三七頁、林二七七―二七八頁）。このこともあって、自決を考えずになんとしてでも生き延びようとして、積徳の生徒たちの犠牲は少なくてすんだ。かれらの上に立つ大人たちの言動が大きな影響を与えていたことがわかる。

日本軍がどんどん敗北していき日本軍の組織が解体していくと、将兵のなかにはようやく自分の本音を言える、あるいは行動できるようになるものが出てきた。軍の組織が維持されているときには、民間人であっても捕虜になるな、という建前で振舞わなければならなかったが、ようやく、米軍は民間人は殺さないだろうから投降しなさい、捕虜になってでも生き延びなさい、ということを言えるようになってきた。事実、将兵からそういうことを言われて、生き延びた人たちも少なくない。

沖縄に送られてきた日本兵は、この段階では兵力が不足していたので、年齢層も幅があるし、その体験もさまざまな者たちが召集されてきた。ろくに軍事訓練を受けないで沖縄に送られたものも多いし、社会運動に関わって弾圧された経験のある者もいた。現役兵や在郷軍人と違って軍人意識・精神があまり叩き込まれていない者たちまで大量に動員されてきていた。日本軍が崩壊していくなかで、かれらの良識、常識がようやく発揮できるよ

図22　壕から出て保護された人々（6月24日撮影．沖縄県公文書館提供）

うになるのである。

そうした日本軍将兵がいたことをもって、日本軍を弁護あるいは正当化しようとする議論があるが、それはまったくの間違いである。日本軍の組織が維持されているときは、将兵たちの良心や良識は抑圧され、もし捕虜になってでも生きのびよ、などと言えば、その将兵がスパイとして処刑されていただろう。日本軍が解体したからこそ、あるいは日本軍がいない状況になったからこそ、住民の生命を大切にしようとする言動ができるようになったのである。日本軍はそれほどまでに人間としての良心や良識を圧殺する組織だった（林二〇一〇―三三三頁、でくわしく論じたので参照していただきたい）。

日本軍と行政機関の関係

日本軍と行政機関（県や市町村役場）との指揮命令関係について検討しておこう。

軍中央では、四四年後半期に沖縄で戒厳令を敷くかどうか検討していたが、結論が出ず、したがって第三二軍に対して、特に指導はなかったという（陸上自衛隊『沖縄作戦の観察』四の三頁）。また第三二軍でも検討されたようだが、最後まで戒厳の布告はなされなかった。日本軍が沖縄にやってきて以来の泉守紀沖縄県知事とは、軍との関係がギクシャクしていたが、四五年一月に軍と協調できる人物として内務省が島田叡《あきら》を知事に任命し、県が全面的に軍に協力するようになったこと、戒厳令を敷くと軍が一般行政を管理しなければならないがそうしたスタッフも態勢もなかったことなどが、戒厳令が実施されなかった一つの要因かもしれない。言うまでもなく、戒厳令が敷かれれば、その地域を管轄する軍が行政権も把握することになる。沖縄であれば、第三二軍司令官がその責任者となる。

沖縄について、特に慶良間列島の各島のおかれた状況を、戒厳令の一つのあり方である「合囲《ごうい》地境」として理解すべきという議論がある（安仁屋政昭「沖縄戦を記録する」）。敵に合囲＝包囲された地域などにおいて戒厳令を敷き、地方行政事務や司法事務は、その地の軍の司令官が管掌するというのが「合囲地境」である。そうすると村役場は法的にも軍の指揮下に入ることになり、役場の指示あるいは命令はすなわち軍による命令となる。ただし「合囲地境」とするには、「布告」あるいは「宣告」の手続きが必要とされており、その手続きが口頭であれ、とられた形跡はない。したがって、事実上あるいは実質上「合囲地境」と同様であったと言えるだろうが、法的に「合囲地境」であったと言えるかどうかは微妙であると思われる。

沖縄は法的には植民地でも占領地でもなく、本土の各府県と同じ県である。一般の行政が機能している沖縄や日本本土においては、軍が直接、住民に命令することはない。勤労動員や供出は、軍—県関連機関（県庁、県の地方事務所、国民勤労動員署など）—市町村—字—各家というルートで軍の要求が伝達された。召集令状の場合は、軍から警察署と市町村役場の兵事主任を通して本人に伝達された。つまり軍の命令あるいは要請は、地方行政機関を介して伝達、実行された（與儀九英『集団自決と国家責任』参照）。

日本軍がやってきて、さらに四五年二月からは県庁や警察組織も特別な戦時編成となり、行政機関の仕事はほとんどが軍関係と言ってもおかしくない状況におかれた。市町村役場から住民に伝達されることは、特に兵事主任を通じて伝えられることは、ほとんどすべてが軍からの命令としか考えられない状況になった。したがって役場からの指示はすなわち軍の命令であるというのが実態であった。

かりに戒厳令が敷かれ軍が行政権を握るとしても、住民への軍の命令は、市町村役場を通して下達執行される点では変わりはない。このことを考えると、沖縄の状況は、実質的には戒厳令が敷かれたのと同じような状況におかれていたと言っていいだろう。

なお四四年七月に大本営は、日本内地と朝鮮に戦時警備の実施を命じている。戒厳令ではないが、軍が本土と朝鮮においても軍事行動や治安維持などの警備をおこなうための措置である。その軍の措置に応じる形で八月一五日に内務省が主管する「総動員警備要綱」が閣議決定された。この第四条で「陸海軍の行ふ警備と密接に連繋協調して之を実施」することとされているように、これは軍の戦時警備に照応してとられる総動員警備を定めたもので、沿岸警備や空襲警備などが含まれる。この要綱の第四四条では、陸軍大臣や海軍大臣は内務大臣その他の関係大臣に対して、また各司令官クラスや独立した陸海軍部隊の長は、沿岸警備のために対応する関係行政庁、警察署長などに「陸海軍の行ふ防衛に直接必要なる事項を其の他の関係行政庁に請求することを得」、その請求を受けた行政庁（県知事や警察署長ほか）は「之に応じ所要の措置を講ず」と規定された。

またこの第四三条では軍が「沿岸警備に関する計画設定上基準となるべき事項」を定め内務大臣あるいは関係地方官庁に提示することとされており、この規定に基づいて沖縄でも軍が計画を作成し行政機関や警察を含めた訓練を実施したり、「報道宣伝　防諜等に関する県民指導要綱」（第三二軍作成、四四年一一月一八日）のような具体的な県民指導方針を作成している（本部1・一〇一—一〇一九頁、『沖縄県警察史』五〇二—五一八頁）。有名な「軍官民共生共死の一体化」という言葉は、この「県民指導要綱」に謳われた言葉である。この「総動員警備要綱」でも軍は行政機関を通じて住民に命令するという手続きがとられている（ウェブサイト「永井和の日記」の「無題」二〇〇八年五月二五日、参照）。

以上の状況のうえに、慶良間のケースを見ると、座間味村の場合、村の助役兼兵事主任が防衛隊長であり、「軍命」を伝達する伝令役が役場職員であると同時に防衛隊員であった。防衛隊員とは陸軍防衛召集規則に基いて召集された日本軍の正規の構成員であるから、かれらは座間味島の軍の最高責任者である梅澤戦隊長の指揮下にある軍人であり、当然、戦隊長の命令に従って行動しなければならない立場におかれていた。建前としては駐留する軍と村役場は、それぞれ独立した機関であるが、戒厳令を敷かなくても、村役場は軍の直接の指揮下に組み込まれていたと言える。そこでは防衛隊長である助役の「指示」は、戦隊長の「命令」となる構造になっていた。

渡嘉敷村の場合は、役場吏員であった屋比久孟祥さんが防衛隊長であったので、役場職員は軍の命令に直ちに従わなければならない状態にあった（『住民の沖縄戦記　伊江島、座間味、渡嘉敷、久米島』の中の「渡嘉敷島における戦争の様相」、沖縄235）。渡嘉敷の郵便局長であった徳平秀雄さんが「村長も私も、仕事と云えば、軍の要求を民間におろすことで実質的には、私たちは赤松隊長の下で、動いていたに過ぎません」（沖縄県史10・七六三頁）と語っていることは実態を表わしているだろう。

軍は軍人には直接命令できるが、住民に対しては上記のような手続きが取られることになっていた。ただすべての国民が戦闘員になることや軍官民一体化が謳われ、実際に民間人が戦闘員化あるいは準戦闘員化している状況において、軍（その司令官や部隊長）がかれらに直接、命令を下すことができると考えたとしても不思議ではない。民間人も捕虜になるな、など軍人同様の扱いが公然とされている状況では、沖縄戦のなかで軍が、兵士としての召集や労務動員、物資の供出などの命令を住民に直接出して強要したことがしばしば起きたのは、当然であったかもしれない。そこでは法的な手続き論は吹き飛んで、軍の論理による直接的な物理的強制がなされていったのである。

ただし仮に軍が直接、住民に命令する権限があったとしても、民間人に死ねと命令することができるかどうかは、議論になりうるだろう。軍隊内部においても、生存の可能性が低い危険な任務を命令することはありえても、確実に死ねと命令することが可能であるかどうかは、かんたんには判断できない問題だろう。

「集団自決」をめぐっては、「軍命」の有無がよく問題にされる。ただ軍隊における命令とはさまざまなレベルのものがあり、作戦に関する作戦命令、作戦に関係しない人事、給養、補充などに関する日々命令ではかなり違いがある。軍事機密度から言えば、前者の方が高い。後者では、〇〇少尉を明日の当直士官に任ずというレベルのものも含まれる。

上官の命令は天皇陛下の命令と思え、という場合は、極端な話、たとえば上等兵が二等兵にかなり私的に言い渡したことでも命令と受け止めよということになる。命令の権限があるかどうかはどうであれ、軍の絶対的な力を背景に圧倒的な上下関係（権力関係）のなかにおかれた沖縄あるいは慶良間のような状況下では、一兵士から言われたことでも民間人にとっては命令以外の何物でもない。

慶良間の事例で紹介したように、多くの日本軍将兵から手榴弾を渡され、いざという場合は自決せよと言われていたことは、住民にとっては軍の命令以外の何物でもない。であるから、住民がそれを「軍命」と語ることはごく自然なことである。

そういうことを考慮すると、広い意味で、自決せよという軍の命令があったと言えるだろう。ただし「集団自決」がおきる直前に、渡嘉敷や座間味の戦隊長がいま自決せよとの命令を下したと断定できる根拠は、いまのところあるとは言えない。もしそうした明確な命令があったとすれば重大な出来事であるが、なかったとしても、すでにさまざまな方法で住民たちは米軍に捕まらないように死ねという、駐留していた日本軍の強い意思は伝えられているので、駐屯していた軍ならびに部隊長の責任が免罪されることにはならない。

また軍が命令しなくても、民間人もすべて自決するようにあれやこれやの方法で誘導強制していった軍中央の方法を見ても、特定の隊長命令があったかどうかはそれほど重要な問題ではなく、命令の有無にかかわりなく、軍の責任は大きい。

「集団自決」と家制度のなかの男の役割

「集団自決」の実態を見ると、地域社会の指導者がその決断を下した上で、一人ひとりが自ら死んだというよりは、家族の長、つまり家長あるいは戸主である男性が家族の命運を決断する役割を果たしている。手榴弾を爆発させようとしたのもそうした男性である。手榴弾が不発に終るか、手榴弾がない場合には、家長あるいはその跡継ぎである若い青年男性が、女性や子ども、老人に手をかけ、そのうえで自らも死ぬという手順を踏んでいる。

男たちが家族を殺していったのは、それが家長の役割であったからだ。かれらの意識のなかで、米軍に家族が捕らえられて、女性たちは陵辱をうけ、みなが無惨に殺されるくらいであれば、むしろ清いままで死なせよう、それが家長としての家族への愛情であるという思いがなかったとは言えないだろう。金城重明さんの証言には、そうした思いが理解できる。それはある意味で家族を守ろうとする倒錯した行為でもあった。

このことは家父長制的な家制度における男の役割の問題でもある。男が兵隊に召集されて戦場に駆り出されるとき、あるいは特攻隊として出撃させられる際に、そのことを自分に納得させようとするとき、家族、つまり女性や子どもたちを守るために、という理屈が持ちだされることがしばしばある。兵士として戦場に赴くことは、敵を殺そうとすることでもあるが、家制度における家族を守ろうとする意識が、人を殺す方向に利用されている。「集団自決」においては、この殺人は家族そのものに向けられることになる。

特攻隊への志願を求められたとき、命を惜しんで志願しないのは卑怯者であり男らしくないとされる。志願することが、あるいは戦場に赴くことが男らしさの証明とみなされる。男らしさが、男たちを戦場へ、人殺しへと駆り立てる、あるいはそれを正当化ないしは弁解する理屈となっているのは、今日の軍隊においても同じである。

そういう点で「集団自決」を実行した要因として、家父長制的な家制度とその下での男の役割、男らしさがあると言えるだろう。この構造を利用して「集団自決」がおこなわれ、自分で死ねない女性、子どもに死をもたらせていく。

男系の家制度の下では、女性の純潔が重視される。その思想の下では強かん、特に敵兵による強かんは、通常の暴力以上に女性に屈辱を与えるだけでなく、家の恥とも認識され、かつ女性自身が汚れた存在として地域社会から差別迫害されることが多い。米軍による性暴力への恐怖は――家父長制的な社会ではなくてもその他の暴力以上に恐怖を呼ぶが――若い女性たちには、想像を絶するものだったことが推測される。

宮城晴美氏の研究によると、座間味島で「集団自決」がおこなわれた壕の状況を見ると、主に家長あるいはそれに準ずる成年男性が「自決」を主導しており、またそうした成年男性がいない場合、二〇代の女性がその役割を果たしていた壕もあった。傾向として、成年男性がいない集団では、「自決」による犠牲者が少ない傾向が見られる（宮城晴美「座間味島の『集団自決』」一〇〇―一〇一頁）。

「集団自決」には、家父長制の下で、「男らしさ」が生み出した暴力によって、家族が殺されていくという凄惨な事態を生み出したという側面がある。したがって、天皇制国家の地域支配と家制度が重要な役割を果たしていると言えるだろう。

こうした男らしさの暴力は、「集団自決」など戦前戦中だけのことではなく、今日の日本社会においてもしばしば見られることである。家庭内暴力や、仕事や社会で一人前に扱われない男が、「バカにされた」という思いから、男であることを見せようとして、あるいは男でありたいとして、暴力に訴えるケースが後を絶たない。それは時には、無差別殺人にまで及ぶことが少なくない。男であることの証明が暴力によってなされることに共通性があるように思える。

なお家父長制的な家制度の頂点にあるのが、いうまでもなく男系しか認めない天皇制である。日本国全体が一つの家であるかのように擬制し、その家長が天皇である。

地域の人々が、自決すべきか、まとまって投降するべきか、そうした議論をおこなう意思決定の場を見ると、女性の姿が見えない。女性がそうした議論をリードしたケースが見当たらない（もちろん女性だけの集団の場合は別だが）。女性たちは、A・Bの層がいないところでは、独自の行動を示すが、A・Bの下では、年配者が単発的に単独行動に出ることがあっても、ほとんど意思決定に関わっていない。女性差別の構造がこうした点にも表れているだろう。

「集団自決」において女性と子どもの犠牲者が多いことはすでに指摘されている。もちろん男が兵隊に取られているので、村に残された者は女性と子どもが多いのは当然ではあり、それゆえ「集団自決」の犠牲も多くなるのだが、ただそれだけの理由ではないのではないか。D・E・Fという階層の人々は、A・Bによる集団の意思決定に逆らえない層であり、「自決」するという意思決定を受け入れざるを得ない人々である。いやだと言って、子どもと一緒に逃げ出すこともできず、死を受け入れさせられたことが、その犠牲を大きくしたのではないだろうか。家父長制的な支配が、女性や子どもの被害を大きくした側面があると思われる。

援護法と「集団自決」

援護法制定前から語られていた軍命と「集団自決」

「集団自決」という言葉は、戦争中から使われていた言葉ではない。当時は「玉砕」という言葉で語られており、「集団自決」は、一九五〇年に刊行された沖縄タイムス社の『鉄の暴風』で使用されて以来、使われるようになったと見られる。戦時中の新聞などでは民間人の「自決」という表現も使われており、また米軍の記録では、suicide「自殺」あるいはmass suicide「集団自殺（集団自決）」というように表現されている。

いずれにせよ「集団自決」という言葉は、沖縄住民の視点から沖縄戦を描いた最初のルポルタージュである著作のなかで使われたのであり、戦傷病者戦没者遺族等援護法が制定される一九五二年よりも前であった。この援護法を沖縄にも適用するにあたって、まずは軍人軍属の取り扱いで難航し、学徒隊を含めた軍人軍属の扱い方針が解決するのが五六年になってからであり、それ以降、それ以外の一般住民の扱いが調査、検討された。その結果、厚生省が沖縄戦の「戦闘参加者」の「処理要綱」を決定して、「集団自決」を含む二〇の類型を定めたのは一九五七年七月のことだった。

『鉄の暴風』のなかですでに渡嘉敷と座間味において戦隊長が自決を命令したことが述べられている。また沖縄戦当時の米軍文書のなかでも日本兵から自決するように命令された、言われた、促されたという記述があちこちで記されていることもすでに紹介した。一九五五年に刊行された沖縄市町村長会による『地方自治七周年記念誌』にもすでに座間味村の項で「部隊長よりの命」（四五一頁）が記されていることなど宮城晴美氏によるくわしい検証がなされているが、こうしたことからも、援護法の適用を受けるために自決命令を捏造したという説はまったく成り立たないことがわかる。

援護法と「集団自決」

「戦闘協力者」とは軍人軍属以外の者で、「戦時中、国家総動員法に基いて徴用され敵弾により死亡し、負傷を受けた者及び軍の要請により戦闘に協力し任務遂行中、死亡又は負傷した者」と認定された者で、「準軍属」として援護法が適用され、当初は弔慰金、五九年からは遺族給与金、障害年金も支給されるようになった（琉球政府社会局一一六頁、沖縄県生活福祉部援護課一一三頁）。

軍人軍属あるいは「戦闘協力（参加）者」として援護法の適用を受けることは、それらの戦没者を靖国神社に合祀することとセットでおこなわれた。援護法の適用を受けた者の名簿は靖国神社に渡されて合祀《ごうし》されるという流れが同時に作られたのである（靖国神社との結びつきについては、石原昌家『「援護法」によって捏造された『沖縄戦認識』』参照）。

援護法の適用を受けることは、本土でもそうであったが、それ以上に沖縄では稼ぎ手を失った家族にとって社会保障の意味が大きかった。しかしそれにとどまらず、「祖国防衛戦の犠牲」（一九五八年六月一四日遺族大会決議）「祖国防衛のために犠牲となった」（一九五九年六月六日遺族大会決議）というように、自分たちは「祖国防衛」のために戦ったという説明が語られ、靖国神社の国家護持も決議になかに入るようになった。ただ援護法適用を求める沖縄の声のなかには、日本軍の強制的な動員や壕からの追い出しなどによって犠牲にされたという認識も含まれており、単純に祖国のために戦ったという論理ではなかった（沖縄県遺族連合会九二―九三頁）。

沖縄の住民が日本軍の犠牲になったという認識は、日本政府、厚生省や防衛庁のなかにもあった。「戦闘協力者」問題で沖縄にも調査に来た担当官であった厚生省引揚援護局の馬淵新治事務官（元大本営船舶参謀）は、防衛庁防衛研修所戦史室の依頼に基づいて執筆した文書のなかで（陸上自衛隊幹部学校『沖縄作戦における沖縄島民の行動に関する史実資料』）、「住民を威嚇強制のうえ壕からの立退きを命じて己の身の安全を図ったもの」、「ただでさえ貧弱極まりない住民の個人の非常用糧食を徴発と称して掠奪するもの」、「母親を強制して（赤児を）殺害させたもの」、「罪のない住民をあらぬ誤解、又は誤った威信保持のため『スパイ』視して射殺する等の蛮行を敢えて」おこなった例などを挙げて、「これが精鋭無比の皇軍のなれの果てかと思わせる程の事例を残している」と記している（一八―一九頁）。

また「慶良間の集団自決」については「軍によって作戦遂行を理由に自決を強要されたとする本事例」と記している（四三頁）。沖縄戦末期の沖縄本島南部での「戦闘協力者」についての事例として「正当な理由なく、友軍敗残兵に殺害されたもの」に加えて「友軍より自決を強要されたもの」「軍の作戦協力者で自決したもの」などを挙げている（四四頁）。つまり慶良間や南部での「自決」について、軍に「強要されたもの」という認識を持っていたと言える。しかし、援護法の適用対象に入れるために無理やり「戦闘協力者」

に当てはめようとして、犠牲者を協力者とする、論理の歪曲が見られる。

馬淵新治事務官が陸上自衛隊幹部学校でおこなった講話では、渡嘉敷と座間味で「集団自決」について「今も島民の悲嘆の対象となり強く当時の部隊長に対する反感が秘められております」と述べ、適切な対応がなされていれば「かくも悪名は残らなかったと思います」と部隊長に批判的な意見を付している（陸上自衛隊幹部学校『沖縄作戦講話録』四の三一頁）。

一般の住民がこの「戦闘協力者」と認定されるためには、「軍の要請により戦闘に協力し」たことが不可欠の要件となっている。したがって自らの判断で「自決」しても援護法は適用されない。「集団自決」の場合、この「軍の要請」にあたるのが、軍あるいは部隊長による自決「命令」であった。

ところで侵略戦争への反省があるならば、国家への戦争協力ではなく、国家がおこなった誤った戦争による犠牲者への償いとしての措置がなされなければならない。しかし日本政府はそうした誤った戦争であることを認めず、正当な戦争としてそれへの貢献に応じて援護をおこなうという措置をとった。したがって援護法の精神そのものが侵略戦争への反省が欠如したものである。このことは、日本の侵略戦争と戦争犯罪による被害者たち、特にアジア太平洋地域の被害者たちへの償いを一切おこなわないこと、さらには日本国内での弾圧などによる被害者への謝罪と補償をおこなわないことと表裏一体である。

沖縄への援護法の適用過程を見ていると、日本軍あるいは戦争の犠牲者であるにもかかわらず、遺族や被害者に金銭的措置を取る方法は援護法しかないため、そうしたケースを無理やり「戦闘協力者」に当てはめている。このことは、援護の申請にあたって、いかに戦闘あるいは軍に協力したのかという書き方が求められ、被害者であることが隠蔽されるという「歴史の捏造《ねつぞう》」がされるという問題がある。靖国との結びつきを含めて、こうした援護法の問題は重大である。

と同時に、沖縄での援護法の適用がかなり矛盾する側面を含んでいることも事実である。「集団自決」についても、自ら「自決」したのでは援護法は適用されない。申請書類に審査の過程で書き換えの指示がなされるが、そこでは軍の命令が明確になるように書き換えが指示されている。政府（厚生省）は、軍命を削除させるのではなく書けと言うのである。「集団自決」とは住民自らが国家のために命を捧げたという殉国美談に仕立て上げたい者たちにとっては、この援護法の措置が大きな障害となっている側面がある。援護法と、軍命を否定する訴訟グループや、今回の教科書検定の動きとをすべて一体のものとしてしまうのは、あまりにも単純化の嫌いを免れないだろう。

なお防衛庁の認識について言えば、馬淵事務官のような認識が陸上自衛隊幹部学校の刊行物（内部資料であるが）として出されているところに、一九六〇年ごろまでの特徴があるように思われる。それがその後、一九六八年に防衛庁防衛研修所戦史室から刊行された戦史叢書の中の一冊である『沖縄方面陸軍作戦』では、日本軍による沖縄住民に対する残虐行為や迫害については一切触れることなく、「集団自決」についても「小学生、婦女子までも戦闘に協力し、軍と一体となって父祖の地を守ろうとし、戦闘に寄与できない者は小離島のため避難する場所もなく、戦闘員の煩累を絶つため崇高な犠牲的精神により自らの生命を絶つ者も生じた」と殉国美談としてのみ描かれている（二五二頁）。

『毎日新聞』（二〇〇八年一月一三日、一五日）の報道によると、防衛省防衛研究所図書館において公開している慶良間関係の文書に、一九七〇年代初めごろより「集団自決は戦隊長命令でなかったことが証明されている」「早く言えば軍誹謗の記事」「ねつ造」などというメモを付けて閲覧に付していたことがわかった。こういうメモは、その文書作成あるいは保存されるに至った経緯を記しているのが普通であるが、こうした見解を付けているのは文書館としてきわめて異例である。毎日新聞の取材に驚いた同図書館は一部のメモは撤去したようであるが、馬淵事務官が記したような沖縄住民の受けた痛みへの共感などまったくなくなってしまった防衛庁（省）の姿がうかがわれる。

「集団自決」という言い方は、もともと日本軍の命令によって引き起こされた、あるいは日本軍に強いられた住民犠牲の最も悲惨な体験として語られ、そういう言葉として使われてきた。この内容から日本軍による強制、日本軍による住民犠牲という性格を抹殺し、お国のために自ら命を捧げた殉国美談として歴史を捏造しようとする者たちが「集団自決」という言葉をそのような意味に歪曲して解釈しなおそうという動きがあるが、その意味と内容をめぐる争いが一九八〇年代の教科書問題以来、今日まで継続しているといえる。

本書ではくわしく述べる余裕はないが、援護法が制定され、沖縄戦にも適用された一九五〇年代は保守と革新の対立軸にしてもあいまい、あるいは重なる部分も多く、それぞれの内部も多様であったが、それが一九六〇年代に保守と革新の対抗軸が明確に整理されてくる。防衛庁の戦史叢書が刊行される時期は、靖国神社の国家護持法案や明治一〇〇年記念行事、建国記念日の制定など、日本が過去におこなった戦争正当化と近代日本を称える動きが一気に表面化してくる時期であり、そうした動きのなかで沖縄戦における日本軍の残虐行為を抹消し「集団自決」の殉国美談化をはかる議論が出てくる。それに対して沖縄の日本復帰が決まるが、米軍基地撤去の沖縄の願いが裏切られていくなかで、沖縄の中で日本軍の蛮行と沖縄の人々が犠牲にされた沖縄戦の経験が呼び起こされていくことになる。戦後史の流れのなかで沖縄戦をめぐる議論や援護法の問題を、極度に単純化することなく、丁寧に検討する必要があるだろう。

「集団自決」という用語について

「集団自決」という言葉を使うべきでないという議論がある。その理由として、「自決」とは自ら進んで命を絶ったという意味であり実態とは違う、特に子どもはみずから決断したわけではない、「自決」とは自ら責任をとって死ぬことであり、軍人は「自決」するが、民間人は「自決」しない、この言葉を使うから国のために自ら殉じたという殉国美談に解釈されるのだ、という。そこから「強制集団死」というような呼び方が主張される。

「集団自決」の場合、日本軍に殺された住民虐殺のようなケースとは違って、自らが死ぬことを納得させられたり、あるいは死ぬしか選択肢がないと思い込まされ、あるいは死ぬことを受け入れさせられている。大人たちにとっては「自決」という形（肉親に自分を殺してくれと頼むことも含めて）をとらざるを得ないような状況に追いつめられた。子どもたちが自ら死を選ぶことはできないということはその通りであるが、かれらは直接的には日本軍の手によってではなく、肉親によって殺されるという形をとった。人々をそうさせるまでに追いこんだものこそが問題だろう。

世界各地の戦争での「自決」のありようを見ると、戦闘に負けた際に司令官や高官たちが自決することは珍しくない。たとえば、ナチ高官らは家族で自決した例がいくつも知られている。そうしたケースに「自決」という言葉は最もふさわしいだろう。

しかし本書でも述べたように、当時の日本軍と日本国家は、司令官や高官たちだけでなく、一般の将校や下士官兵にも捕虜になることを許さず、いざという場合には「自決」を強要した。軍人は「自決」するが、民間人はそうでないという論理によると、こうした将兵たちは自ら望んで死んだとされてしまうのだろうか。さらに細かなことかもしれないが、「集団自決」のなかで多くの防衛隊員たちも家族とともに死んでいる。防衛隊員は明らかに軍人である。そうすると防衛隊員は「自決」であって「強制集団死」には含まれないということになるのだろうか。

さらに日本軍と日本国家は、民間人であっても「自決」を強要したのである。全国民の戦闘員化が図られたということは、民間人と軍人の区別がなくなり（法的にはどうであれ、少なくとも指導者も一般の人々もそう思うようになる）、民間人にも軍の論理が強制されていくことを意味している。責任ある地位にある者だけでなく、日本国民であるすべての将兵や民間人にまでまとめて「自決」を強要したのが、当時の日本軍と日本国家の特徴であった。したがって本書のタイトルにもあるように、〝強制された「集団自決」〟という言い方は、こうした事態を最も適確に表わしている表現ではないかと考えている。

すでに述べたが「集団自決」はそれ単独ではなく、沖縄戦における日本軍による住民犠牲の一つとして認識される必要があるし、それにとどまらず日本の侵略戦争において日本内外の人々（日本軍将兵を含めて）を殺し、あるいは死に追いやったという戦争認識のなかで理解される必要があるだろう。その言葉自体に問題があるのではなく、日本軍の責任が明確にならないような戦争認識、沖縄戦認識が問題であり、そこに殉国美談に利用される一因があるのではないかと思う。

「集団自決」という言葉を使うこと自体が「靖国思想」に立脚したものだという非難は、戦後、このことが語られてきた歴史をあまりに無視し、また援護法の持つ矛盾を見落とし問題を単純化しすぎた議論である。その言葉を使うだけで「靖国思想」というレッテルをはり、反論を一切許さないという姿勢からは建設的な議論は生れないだろう。いずれの言葉を使うにしても、そのことだけで攻撃するようなことはやめるべきであり、もっと自由に議論ができる環境が必要である。宮城晴美氏が「この二つの用語を、対立の構図で論じてはいけない」、「問題は、この用語が、誰の視点で、どういうスタンスから使われているかだ」と主張していることにまったく同感である（『琉球新報』二〇〇五年六月二二日）。

構造と個人の責任——エピローグ

構造的な認識を

「集団自決」は、民間人にも死を強制していく日本国家と軍の意思、天皇制国家としての日本の国家や社会の構造的な問題、支配者たちの無責任さ、さらに地域の支配構造や家父長制的な家制度などによって起こされたものだった。支配のシステムがフルに利用されているからには、その構造をきちんと説明する必要がある。ある特定の命令（文書であれ口頭であれ）があったからそうなったというのは話としてはわかりやすいが、残念ながらそれではとても説明できるものではない。

特定の命令や決定というよりは、それを超えた、あるいはそれらが総合された国家や軍全体の強力な意思として、民間人であっても軍とともに死ね、という観念が社会全体に覆いかぶさるなかで（念のために言っておくと、それは自然に生れたものではなく、国家と軍の支配層が意識的に作り出したものである）、日本軍やその将兵の個々の言動（手榴弾を渡して、いざというときは自決しなさいと言うことや、中国での残虐行為の話をすることなども含めて）が、人々に「自決」を強いるものとなり、人々にとってはその一つ一つの言動が「自決」命令となっていった。

特に手榴弾が多数、住民に配布されたことは、自分たちの島に駐屯している軍の意思、命令として受け止められたのは必然だった。巨大な命令の集合体は人々に覆いかぶさり、人々の意識と行動を束縛し、ほかの選択肢があるにもかかわらずそれを見えなくし、「自決」へと追い込んでいった。そうした全体構造こそが、沖縄の人々が、「自決」の「軍命」があったと言っている内容だと考えるべきだろう。

したがって、特定の隊長命令の有無に論点を絞ろうとする議論は、どちらの立場に立つものであれ、「集団自決」問題の重要なポイントから人々の目をそらせることになってしまうだろう。

なお戦隊長の具体的な自決命令があったかどうかは別として、*その地域の日本軍の行動や意思が、住民の生死に大きな影響を持っており、渡嘉敷や座間味の戦隊長が免責されることにはならない。特に手榴弾の大量配布は島に駐屯する日本軍の最高指揮官としての戦隊長の責任である。

＊少なくとも、「集団自決」がおきる直前に、住民はいま自決せよという形での隊長命令が出されたとは渡嘉敷でも座間味でも確認できない。その点の筆者の事実認識は『沖縄戦と民衆』を書いた時点と変わっていない。ただ同書の叙述が教科書検定で文科省に歪曲悪用されたことを鑑み、ここではより正確かつ丁寧に説明するように心がけた。

構造的に、かつ多面的に、人々を「集団自決」に追い込んだものを明らかにしながらも、最後の決定的な役割を果たしたものを明確にすること、そういう重層的構造的な認識が必要だろう。そうした認識が鍛えられていないところでは、社会をより良く改革する主権者としての主体を作ることなどとてもできないだろう。

個人の責任

構造を問題にするということは、けっして個人の責任をあいまいにすることではない。現場の将兵や民間人を死に追いやった者たちの役割ははっきりさせる必要がある。そうした政策遂行に関わりを持った、あるいは責任ある地位にあった者をいくらか例として挙げるとすれば（括弧内は戦後の主な経歴）、『作戦要務令第三部』制定の際の陸軍大臣畑俊六（A級戦犯、終身刑）、参謀総長閑院宮載仁親王、参謀次長秦彦三郎、戦陣訓を制定した陸軍大臣東条英機（A級戦犯、死刑）、それらを裁可した昭和天皇らの役割は重大である。

サイパン戦から民間人も死ぬように追い込む政策を進めたという点でいくつか関連するポストを見てみると（東条内閣から小磯国昭内閣にかけて）、陸軍大臣杉山元（四五年九月自決）、軍務局長佐藤賢了（A級戦犯、終身刑）、参謀総長梅津美治郎（A級戦犯、終身刑）をはじめとする陸軍省と参謀本部の幹部たち、海軍大臣米内光政、軍令部総長嶋田繁太郎（A級戦犯、終身刑）など海軍の幹部たち、情報局総裁緒方竹虎（朝日新聞主筆、代表取締役などを経て同職、戦後は、吉田茂内閣副総理、自由党総裁）、内務大臣大達茂雄（戦後、文部大臣）、内務省警保局長町村金五（自治大臣）、同警保局長古井善実（厚生大臣、法務大臣）、警保局検閲課長金井元彦（兵庫県知事、行政管理庁長官）、同検閲課長田中楢一（大阪府副知事）、警保局保安課長（特高警察の元締め）今井久（防衛事務次官）、同保安課長金井元彦などがあげられる。本書で紹介した「決戦輿論指導方策要項」は閣議決定されていることから小磯内閣の閣僚全員も関わっている。

米内は戦後、東条と嶋田に責任を押し付けることによって昭和天皇を免責しようと、東京裁判の検察、特にアメリカのキーナン検事に協力したことは有名である。軍部の指導者の場合、戦後、東京裁判で裁かれた者が何人も含まれているが、日本国民を死に追いやったことは戦犯裁判では裁かれなかった。新聞などメディアをコントロールし、言論の自由を弾圧した官僚たちの多くが、戦後、保守政権の閣僚ないしは重要な役職についていることがわかる。

「集団自決」を含めて、人々を死に追いやった国家の指導者たちはまったく責任を取ることなく、戦後も日本国家の指導者として君臨し続けているのである。もちろん、現場の日本軍の幹部たちの責任が免罪されてはならないが、現場の将兵たちも含めて国民全体をそのように追い込んでいった国家や軍の指導者の責任が、あらためて問われなければならない。こうした戦中戦後の連続性が、いまなお日本軍の責任を免罪しようとする政策を生み出す基盤にある以上、その連続性を根本から断ち切るしかない。そのことは、日本が戦争責任をきちんと認め、その償いを果たすためにも必要である。

ところで、住民に、いざというときは自決せよと言って手榴弾を渡すことは、現在の感覚で見ると、ひどい行為と受け止められるかもしれない。しかし、米軍に捕まるとひどい目にあって殺されると信じ込まされていれば（実際にそう信じ込んでいることの方が多かった）、この少女たちがそういう目にあうくらいならば、手榴弾で清いままに死んだ方がましだ、と考えても不思議ではない。まじめで誠実な人間が、善意でそうすることもありえる。手榴弾を渡していざというときは自決しなさいと言うことそのものは、善意か悪意か、あるいはその日本兵が人間的によいかどうかとは、必ずしも直接には関係ない（相手のためになると思う主観的な善意として、ここでは説明している。したがって、家父長制的な女性差別意識や朝鮮人への民族差別意識、軍国主義的意識などと、ここでいう善意とは並立可能である）。この点では、日本軍による住民虐殺や虐待、壕からの追い出しなどの残虐行為とは少し様相が異なるように思える。家族に手をかけた男たちも、主観的には家族を大切に思うがゆえに、そうした行為に出たのだろう。

善意の積み重ねが地獄への道を掃き清め、人々を地獄に陥れていくということは珍しいことではない。巨大な国家と軍の強力な意思によって、人々がある方向に動かされているとき、主観的には善意のつもりの行為が、悲劇をもたらすことはありうる。「集団自決」には、そういう側面がある。もちろん日本軍が善意で動いていたとはとうてい言えない。軍自体は、住民の生命や安全などまったく大事にしなかったのであり徹底して批判されるべきだが、そうした大きな枠のなかで、個々の将兵のとった行動について今述べている。自分が置かれた位置や果たしている役割を冷静に、批判的に認識できれば、そして国家や軍のウソを見抜く目を持っていれば、そういうことにはならなかっただろうが、そうしたものがなければ、善意が悲劇を生み出してしまう。悪い人間が悪意を持っておこなうから悲劇がおきるというよりは――そうであれば、自分はそんなことはしないと他人事《ひとごと》のように思って安心できるが――、善意が悲劇を招くことが、ある意味ではもっとも悲劇的かもしれない。そこにまた恐さもあるし、他人事では済まされない切実さがある。

本書では人々を「集団自決」に追い込んでいったさまざまな要因について触れてきた。あえて本書の内容を一言でまとめるならば、日本国家と日本軍によって〝強制された「集団自決」〟という表現が最も適切であろう。しかし最後にあらためて強調しておきたいことがある。さまざまな要因が人々を「集団自決」へと誘導し追い込んでいったが、最後の最後の時点で、生きるか死ぬかという土壇場の決断の時点で、「集団自決」を決行させた決定的な要因は、やはり日本軍の存在と意思、特に死を強制する軍事的強制力の存在であった。その点を明確に示すとすれば、〝日本軍の強制と誘導によって引き起こされた「集団自決」〟という表現になる。これが本書の結論である。

あとがき

二〇〇七年春に教科書検定の内容が発表された際、私はマスメディアのインタビューに答えて、きわめてひどい検定であると強く批判しました。その後の沖縄の人々の動きは、周知の通りです。政党党派を超えて沖縄の一致した声として、検定意見撤回要求を訴える声は大きなうねりとなりました。その沖縄の人々の声に勇気づけられるとともに、本土は何をやっているのかという痛烈な責任を感じさせられました。

そうしたなかで、「集団自決」の体験者が次々に語り始めました。これまで体験者の証言は限られていました。話したくない、思い出したくもないというのが本心だったでしょうし、それはいまもなおそうだと思います。しかし、このままでは歴史の〝真実〟が闇に葬られると危惧したからでしょう。心身がともに引き裂かれるような思いで語られる証言から、これまでわからなかったことも少しずつ見えてくるようになりました。沖縄のメディアが粘り強く、証言の掘り起こしと紹介をおこない、この問題を追及し、世論を喚起したことも大きかったと思います。このことは本土メディアの消極性と対照的です。

隊長命令はなかったとする訴訟にしても、軍の強制・関与を削除させようとした文科省の教科書検定にしても、被害者をこれほどまでに何重にも痛めつけるようなことがなぜできるのでしょうか。被害者に冷酷に鞭を打ってしか得られない国家の名誉や誇りなど、人間としての恥でしかありません。

学問とか研究というものは、いったい何のためにあるのか、そのことが鋭く問われる事態でした。中立性や客観性を装って被害者を突き放したり揶揄《やゆ》し、権力や富のある者たちを弁護するか、せいぜいアカデミズムのなかに閉じこもり差しさわりのない研究をやっているか、そうした流れが大勢を占めるなかで、研究者としての姿勢が問われました。

私は、これまでもマレー半島やシンガポールの日本軍による住民虐殺の被害者や日本軍「慰安婦」にされた女性たち、そうした人たちを含めて、日本軍の戦争犯罪の問題を調査研究し、本や論文、講演、私自身のホームページなどさまざまな形で発表してきました。被害者の痛みや悲しみ、その思いに少しでも共感共鳴しながらも、被害者あるいはアジアや沖縄の人々の単なる代弁者になることなく、丹念に調査し、冷静な事実究明と分析をおこなうことを心がけてきました。そうした研究者としての役割が欠かせないものだと信じているからです。

体験者の方々の重たい声を聞きながら、慶良間で、そして沖縄で起こったことを時間的にも空間的にももっと広げてとらえなおしてみようと考え、広く資料を読んでみました。そうするなかでいろいろな問題のつながりが見えてきて、自分自身にとっても認識を新たにした点がたくさんありました。それらをつなぎあわせて、「集団自決」の歴史像を、その背景の構造を含めて描こうとしたのが本書です。

ただ書きながらずっと感じていたこと、そして書き上げてさらに痛切に感じていることは、私にもっと文章力・表現力があれば、もっともっとわかりやすく、豊かにかつ繊細に表現できただろうにということです。

ところで、訴訟をおこした元隊長や文科省への反発からか、隊長命令のみにその原因を単純化し、いくらかの証言を集めただけでその原因を突き止めたかのような、分析のない一面的な議論もありますが、そうした安易な議論は、一見、体験者の証言を受け止めているようでいて、実は軽んじているように思います。沖縄戦において沖縄の人々が捨石にされたことはよく指摘されますが、慶良間に送られた軍人たちもまた捨石でした。一番の問題は、冷酷に捨石を操っていた者たちです。

従来の「集団自決」の議論では、日本軍という抽象的な存在は語られますが、操っていた者たちの具体的な存在と役割はよく見えていませんでした。その点をいくらか示すことができたのではないかと思っています。いずれにせよ研究者は、こうした課題にどう向き合うべきか、その問題に対する私としての答えが、前著の『沖縄戦と民衆』であり、また本書でもあります。

本書を書くにあたってたくさんの方々にお世話になりました。すべての方のお名前を挙げることはできませんが、謝花直美、宮城晴美、川田文子、知花昌一、仲本和彦さん（敬称略）、沖縄戦若手研究会、沖縄県史沖縄戦専門部会、沖縄県史料編集室、日本の戦争責任資料センターのみなさん、沖縄戦を考える会（東京）のかつてのメンバーのみなさん（故人となられた藤原彰先生や江口圭一さんも含めて）、貴重な話をきかせていただいた慶良間をはじめ沖縄のみなさん、にあらためてお礼申し上げます。今回も実にたくさんの方々にご支援ご協力をいただき、励まされ支えられました。調査にあたっては、科学研究費補助金・基盤研究（B）「沖縄戦における日米の情報戦―暗号・心理作戦の研究」と関東学院大学特別研究費から支援をいただきました。

沖縄や日本本土、さらにはアジアの人々の誠実な努力に本書が少しでも寄与するところがあれば、それにすぎる喜びはありません。

二〇〇九年三月二六日

慶良間列島に米軍が上陸した日に

林　博　史

参考文献

【未公刊資料】（所蔵機関）
防衛省防衛研究所図書館
国立公文書館
沖縄県公文書館・沖縄県史料編集室
アジア歴史資料センター
アメリカ国立公文書館

【公刊文献】　＊出版社を略した文献は私家版である。

赤沢史朗、北河賢三、由井正臣編集・解説『資料日本現代史13　太平洋戦争下の国民生活』大月書店、一九八五年
明石博隆、松浦総三『昭和特高弾圧史5　庶民にたいする弾圧』太平出版社、一九七五年
安仁屋政昭編『裁かれた沖縄戦』晩聲社、一九八九年
安仁屋政昭「沖縄戦を記録する」『歴史評論』六九五、二〇〇八年三月
荒川章二「国民精神総動員と大政翼賛会」（由井正臣編『近代日本の軌跡5　太平洋戦争』吉川弘文館、一九九五年）

飯田市歴史研究所編『満州移民—飯田下伊那からのメッセージ』現代史料出版、二〇〇七年
生田　淳『陸軍航空特別攻撃隊史』ビジネス社、一九七八年
石原ゼミナール・戦争体験記録研究会『大学生の沖縄戦記録』ひるぎ社、一九八五年
石原昌家『虐殺の島』晩聲社、一九七八年
石原昌家『証言沖縄戦』青木書店、一九八四年
石原昌家「『援護法』によって捏造された『沖縄戦認識』」『沖縄国際大学社会文化研究』Vol.10、No.1、二〇〇七年三月
石山久男『教科書検定—沖縄戦「集団自決」問題から考える』岩波ブックレット、二〇〇八年
井出孫六『終わりなき旅』岩波書店、一九八六年
上田誠吉『戦争と国家秘密法』イクォリティ、一九八六年
内川芳美解説『現代史資料41　マス・メディア統制2』みすず書房、一九七五年
内海愛子、石田米子、加藤修弘編『ある日本兵の二つの戦場—近藤一の終わらない戦争』社会評論社、二〇〇五年
NHK取材班『硫黄島玉砕戦—生還者たちが語る真実—』NHK出版、二〇〇七年
大城将保『沖縄戦の真実と歪曲』高文研、二〇〇七年
大田昌秀『総史沖縄戦』岩波書店、一九八二年
沖縄県遺族連合会『還らぬ人とともに』若夏社、一九八二年
沖縄県生活福祉部援護課『沖縄の援護のあゆみ』一九九五年

沖縄県退職教職員の会婦人部編『ぶっそうげの花ゆれて』第二集、ドメス出版、一九九五年
沖縄県婦人連合会『母たちの戦争体験』一九八六年
沖縄県歴史教育者協議会『歴史と実践　第二八号　特集「沖縄戦と二〇〇七教科書検定」』二〇〇七年八月
沖縄市町村長会『地方自治七周年記念誌』一九五五年
沖縄師範学校龍潭同窓会『傷魂を刻む』一九八六年
沖縄タイムス社編『挑まれる沖縄戦―「集団自決」・教科書検定問題　報道特集』沖縄タイムス社、二〇〇八年
川島高峰『銃後　流言・投書の「太平洋戦争」』読売新聞社、一九九七年
川田文子『赤瓦の家―朝鮮から来た従軍慰安婦―』筑摩書房、一九八七年
儀同　保『慶良間戦記』叢文社、一九八〇年
金城重明『「集団自決」を心に刻んで』高文研、一九九五年
久手堅憲俊・安仁屋政昭『戦時資料　第一集　経済統制下の県民生活資料（貯蓄編）』あけぼの出版、一九九九年
國森康弘『証言　沖縄戦の日本兵』岩波書店、二〇〇八年
纐纈　厚『防諜政策と民衆』昭和出版、一九九一年
佐藤忠男『草の根の軍国主義』平凡社、二〇〇七年
サイパン会『サイパン会誌』一九八六年

榊原昭二『沖縄・八十四日の戦い』新潮社、一九八三年
下嶋哲朗『チビチリガマの集団自決—「神の国」の果てに—』凱風社、二〇〇〇年
謝花直美『証言　沖縄「集団自決」—慶良間諸島で何が起きたか—』岩波新書、二〇〇八年
白井明雄『日本陸軍「戦訓」の研究』芙蓉書房出版、二〇〇三年
『世界　臨時増刊号　沖縄戦と「集団自決」』七七四、岩波書店、二〇〇八年一月
高橋義樹『サイパン特派員の見た玉砕の島』光人社文庫、二〇〇八年
俵義文ほか『安倍晋三の本性』金曜日、二〇〇六年
仲田精昌『島の風景』晩聲社、一九九九年
長田紀春、具志八重『閃光の中で—沖縄陸軍病院の証言』ニライ社、一九九二年
中村雪子『麻山事件』草思社、一九八三年
西平英夫『ひめゆりの塔』雄山閣、一九九五年
林えいだい『陸軍特攻・振武寮—生還者の収容施設—』東方出版、二〇〇七年
林　博史『沖縄戦と民衆』大月書店、二〇〇一年
林　博史「暗号史料にみる沖縄戦の諸相」『(沖縄)史料編集室紀要』第二八号、二〇〇三年三月
林　博史『BC級戦犯裁判』岩波新書、二〇〇五年
林　博史『シンガポール華僑粛清』高文研、二〇〇七年
林　博史「沖縄戦『集団自決』への教科書検定」『歴史学研究』八三一、二〇〇七年九月
林　博史「沖縄戦と民衆—沖縄戦研究の課題—」(三谷孝編『戦争と民衆—戦争体験を問い直す』旬報

社、二〇〇八年）
林　博史「サイパンで保護された日本民間人の意識分析」『関東学院大学経済学部総合学術論叢　自然・人間・社会』第四五号、二〇〇八年七月
深沢敬次郎『船舶特攻の沖縄戦と捕虜記』元就出版社、二〇〇四年
藤原　彰『沖縄戦・国土が戦場になったとき』青木書店、一九八七年
藤原　彰『沖縄戦と天皇制』立風書房、一九八七年
藤原　彰『太平洋戦争史論』青木書店、一九八二年
藤原　彰『日本軍事史』上、日本評論社、一九八七年
藤原　彰『南京の日本軍』大月書店、一九九七年
藤原　彰『飢死にした英霊たち』青木書店、二〇〇一年
米陸軍省『沖縄　日米最後の戦闘』サイマル出版会、一九六八年（光人社文庫版、一九九七年）
防衛研究所戦史部『国土防衛における住民避難―太平洋戦争に見るその実態』一九八七年
防衛庁防衛研修所戦史室『沖縄方面陸軍作戦』朝雲新聞社、一九六八年
防衛庁防衛研修所戦史室『比島捷号陸軍航空作戦』朝雲新聞社、一九七一年
防衛庁防衛研修所戦史室『本土決戦準備⑴関東の防衛』朝雲新聞社、一九七一年
防衛庁防衛研修所戦史室『本土決戦準備⑵九州の防衛』朝雲新聞社、一九七二年
保坂廣志『戦争動員とジャーナリズム』ひるぎ社、一九九一年
前原　透『日本陸軍用兵思想史』天狼書店、一九九四年

南博責任編集『近代庶民生活誌　第4巻　流言』三一書房、一九八五年
宮城恒彦『潮だまりの魚たち―沖縄・座間味島の戦世―』クリエイティブ21、二〇〇四年
宮城晴美『新版　母の遺したもの―沖縄・座間味島「集団自決」の新しい事実―』高文研、二〇〇八年
宮城晴美「同化政策の結末―沖縄・座間味島の『集団自決』をめぐって―」（奥田暁子編『マイノリティとしての女性史』三一書房、一九九七年）
宮城晴美「座間味島の『集団自決』―ジェンダーの視点からの（試論）」（屋嘉比収編『友軍とガマ―沖縄戦の記憶』社会評論社、二〇〇八年）
森本忠夫『特攻―外道の統率と人間の条件―』文藝春秋、一九九二年（光人社NF文庫版、一九九八年）
山川泰邦『秘録沖縄戦記』読売新聞社、一九六九年
與儀九英『集団自決と国家責任』二〇〇五年
吉田重紀『孤島戦記―若き軍医中尉のグアム島の戦い―』光人社文庫、二〇〇五年
吉田　裕『日本の軍隊』岩波新書、二〇〇二年
吉田裕・森茂樹『アジア・太平洋戦争』吉川弘文館、二〇〇七年
読売新聞社大阪社会部『フィリピン　悲島』読売新聞社、一九八三年
陸上自衛隊沖縄戦史研究調査団『沖縄作戦の観察』一九六一年
陸上自衛隊幹部学校『沖縄作戦における沖縄島民の行動に関する史実資料』一九六〇年
陸上自衛隊幹部学校『沖縄作戦講話録』一九六一年

琉球新報社『証言沖縄戦―戦禍を掘る―』琉球新報社、一九九五年
琉球政府社会局『援護のあゆみ』一九五八年
『歴史地理教育増刊号　沖縄から見える日本』七二七、歴史教育者協議会、二〇〇八年三月

【自治体史・字史】（自治体名の順）
『伊江島の戦中・戦後体験記録』伊江村教育委員会、一九九九年
『糸満市史　資料編7　戦時資料』上・下、二〇〇三年・一九九八年
『浦添市史』第五巻、一九八四年
『沖縄県史』第九巻・第一〇巻・第二〇巻、一九七一年・一九七四年・一九六七年
『沖縄県史　資料編3（和訳編）米国新聞にみる沖縄戦報道』一九九七年
『沖縄戦研究』Ⅰ・Ⅱ、沖縄県教育委員会、一九九八年、一九九九年
『沖縄県警察史』第二巻、一九九三年
沖縄市企画部平和文化振興課『美里からの戦さ世証言』一九九八年
『上勢頭誌　中巻　通史編Ⅱ』一九九三年
『宜野座村史』第二巻、一九八七年
『宜野湾市史』第三巻、一九八二年
『具志川市史』第五巻、二〇〇五年
『米須字誌』一九九二年

『座間味村史』上・中・下、一九八九年
『楚辺誌　戦争編』一九九二年
『北谷町史』第五巻、一九九二年
『渡嘉敷村史』資料編・通史編、一九八七年・一九九〇年
『那覇市史』資料編、第三巻8、一九八一年
『市民の戦時体験記』第一集、那覇市役所市史編集室、一九七一年
『本部町史』資料編1、一九七九年
『町民の戦時体験記』（本部町）町民の戦時体験記編集委員会、一九九六年
『読谷村史』第五巻資料編4戦時記録、上・下、二〇〇四年

著者紹介

一九五五年、神戸市に生まれる
一九八五年、一橋大学大学院社会学研究科博士課程修了（社会学博士）
現在、関東学院大学教授

主要著書
裁かれた戦争犯罪　沖縄戦と民衆　BC級戦犯裁判　シンガポール華僑粛清　戦後平和主義を問い直す

歴史文化ライブラリー
275

沖縄戦　強制された「集団自決」

二〇〇九年（平成二十一）六月二十日　第一刷発行

著　者　林《はやし》　博《ひろ》　史《ふみ》

発行者　前田求恭

発行所　株式会社　吉川弘文館
東京都文京区本郷七丁目二番八号
郵便番号一一三―〇〇三三
電話〇三―三八一三―九一五一〈代表〉
振替口座〇〇一〇〇―五―二四四
http://www.yoshikawa-k.co.jp/

印刷＝株式会社平文社
製本＝ナショナル製本協同組合
装幀＝清水良洋・黒瀬章夫

歴史文化ライブラリー

1996.10

刊行のことば

現今の日本および国際社会は、さまざまな面で大変動の時代を迎えておりますが、近づきつつある二十一世紀は人類史の到達点として、物質的な繁栄のみならず文化や自然・社会環境を謳歌できる平和な社会でなければなりません。しかしながら高度成長・技術革新にともなう急激な変貌は「自己本位な刹那主義」の風潮を生みだし、先人が築いてきた歴史や文化に学ぶ余裕もなく、いまだ明るい人類の将来が展望できていないようにも見えます。このような状況を踏まえ、よりよい二十一世紀社会を築くために、人類誕生から現在に至る「人類の遺産・教訓」としてのあらゆる分野の歴史と文化を「歴史文化ライブラリー」として刊行することといたしました。

小社は、安政四年（一八五七）の創業以来、一貫して歴史学を中心とした専門出版社として書籍を刊行しつづけてまいりました。その経験を生かし、学問成果にもとづいた本叢書を刊行し社会的要請に応えて行きたいと考えております。

現代は、マスメディアが発達した高度情報化社会といわれますが、私どもはあくまでも活字を主体とした出版こそ、ものの本質を考える基礎と信じ、本叢書をとおして社会に訴えてまいりたいと思います。これから生まれでる一冊一冊が、それぞれの読者を知的冒険の旅へと誘い、希望に満ちた人類の未来を構築する糧となれば幸いです。

吉川弘文館

〈オンデマンド版〉
沖縄戦 強制された「集団自決」

On Demand
歴史文化ライブラリー
275

2022年（令和4）10月1日 発行

著 者 林《はやし》 博《ひろ》史《ふみ》
発行者 吉 川 道 郎
発行所 株式会社 吉川弘文館
〒113-0033 東京都文京区本郷7丁目2番8号
TEL 03-3813-9151〈代表〉
URL http://www.yoshikawa-k.co.jp/

印刷・製本 大日本印刷株式会社
装 幀 清水良洋・宮崎萌美

林 博史（1955～）

ISBN978-4-642-75675-4